Nohelia Ruiz

VERDADERAMENTE LIBRE

Nohelia Ruiz

VERDADERAMENTE LIBRE

Anécdotas cotidianas: una alternativa de cambio de actitud físico y mental para una vida con propósito

JustFiction Edition

Imprint

Cover image: www.ingimage.com

Publisher:
JustFiction! Edition
is a trademark of
Dodo Books Indian Ocean Ltd., member of the OmniScriptum S.R.L Publishing group
str. A.Russo 15, of. 61, Chisinau-2068, Republic of Moldova Europe
Printed at: see last page
ISBN: 978-620-3-57527-9

Verdaderamente libre

Nohelia Ruiz

Cuentos y relatos autobiográficos para entretener, reflexionar y actuar.

Nohelia Ruiz

Verdaderamente libre

Anécdotas cotidianas: una alternativa de cambio de actitud físico y mental para una vida con propósito

Un libro de cuentos y relatos autobiográficos para entretener, reflexionar y actuar.

Contenido

Dedicatoria

A Dios mi señor, mi padre celestial, quien con su gran amor
me ha dado la vida y me acompaña en todo momento.
A mi madre, quien se sacrificó para hacer de mí la mujer que soy.
Por su amor, dedicación y esmero, gracias infinitas.
A mi esposo Pedro; por su afecto, comprensión y paciencia.
A mi familia; especialmente a mis sobrinos.
A todos aquellos lectores; que mis historias y relatos los
lleve a reflexionar para un cambio de actitud.

Agradecimiento

Al creador de la vida por quien
existe y permanecen todas las cosas.
A todas las personas que me brindaron
su apoyo incondicional, para que
éste libro hoy sea una realidad

Prefacio

Escribir cuentos es una tarea apasionante, motivadora y gratificante para el escritor, porque se trata de un trabajo basado en la inspiración y experiencias vividas, que de alguna manera te ha dejado un gran aprendizaje como ser humano, y como persona agradecida, por los logros alcanzados por la gracia de Dios, no dudamos en compartirlos con nuestros semejantes, de quienes anhelamos puedan leer e internalizar cada mensaje que el escritor le desea transmitir.

Cuando decidí plasmar mis ideas, lo hice con la intención de comunicar, orientar, divertir y entretener al leedor. En cada cuento y en cada relato trato de organizar con pinceladas reales una serie aventuras y vicisitudes cotidianas que significativamente con ciertos detalles los describo de manera anecdótica. Verdaderamente Libre, es un libro de cuentos y relatos autobiográficos que recoge una serie de historias perduradas en mi memoria, que envuelven todas las etapas de mi vida como ser humano, razón por las que siempre quise contarlas de manera franca y con total libertad, porque sé que en cada palabra expresada hay una idea edificante, que bien pensada puede servir de reflexión para cambiar de actitud desde el punto de vista personal y espiritual.

La soberbia

A los enaltecidos

En los postreros años de mi reflexiva adultez; resulta inevitable traer al presente, anécdotas vividas durante mi infancia. _En mi opinión, unas buenas y otras malas_. En ese sentido, las veces que me reúno en tertulias familiares; vienen a mi memoria perduradas remembranzas del Sector Algarrobo, su gente y su indescriptible cultura. A veces pienso, que ésta valoración se debe a la ligereza sugestionada por la inmadurez de la adolescencia, sumado a las experiencias que me tocó vivir en esa época, y en ese sector.

A propósito de ello, hoy no puedo dejar de referir a una vecina de nombre Alesi; que por cierto y a pesar de las diferencias personales; el afecto hacia ella permanece grabado en mi corazón. Era una mujer soberbia, altanera, orgullosa, celosa e insolente. Ella respetaba y conversaba apaciblemente con aquellas personas que le "caían bien" y podía dominar. Si alguien le objetaba algo, seguro se ganaba un desagradable insulto, y a partir de ese momento la declaraba su enemiga. Si por casualidad la encontraba en la calle, no estaba exenta de una ofensa humillante para mal ponerla y hacer ver a los demás que esa persona era mala gente.

Todos en el barrio la trataban con prejuicios. Sin embargo, ella también tenía algunas cosas positivas. Puedo afirmar que se trataba de una señora bondadosa. Recuerdo que tenía muchas matas de ciruela en su casa. En tiempo de cosecha, daban frutos en abundancia; las ciruelas eran tan grandes que parecían manzanas. Mis hermanas y yo podíamos pasar toda una tarde degustando de las más suculentas y dulces ciruelas en la casa de Doña Alesi.

A ella le encantaba brindar café puro y amargo. La marca que usaba era el "Águila"; eso sí, había que prepararse porque nunca lavaba las tazas, ni antes o después del brindis. Se podía observar en el envase los residuos de café; sin exagerar de años y meses; también le agradaba contar anécdotas de sus hijos, nietos y nueras, sin dejar de lado las insanas historias relacionadas con enfrentamientos cotidianos, donde según ella siempre resultaba más que ganadora.

Doña Alesi, tenía un esposo de nombre Topin; era el padre de sus 5 hijos, lo celaba intensamente y aseguraba que él tenía amantes por doquier. Algunas mujeres del pueblo, fueron sometidas al escarnio público; porque saludaban y conversaban con su codiciado esposo. Esos encuentros y desparpajos amorosos, tenían lugar cuando él caminaba de regreso a casa; después de una larga jornada de trabajo.

Fueron muchas las cuestionadas, que injustamente pasaron a formar parte del repertorio de féminas atraídas por la belleza del infiel esposo. Esta idea, solo estaba en los pensamientos ambiguos y ficciones existenciales de Doña Alesi.

Recuerdo a Don Topin, _así le decía yo_. Era un señor humilde, conversador, siempre ausente de los escándalos de su esposa; caminaba muy lento, sus ojos estaban perturbados por la catarata; situación que lo llevó a estar ciego por un tiempo, hasta que un buen día los médicos decidieron operarlo y su vista medianamente la recuperó. Con todas estas limitaciones él trabajaba en el matadero municipal.

Después de algunos años, el Don Topin fue diagnosticado con algunas complicaciones cardiovasculares. Su vista empeoró y su caminar lento llegó a su fin. Los maltratos verbales y hasta físicos de su amada esposa, fueron constantes. A pesar de ello, siempre estuvo a su lado, no sé si él se sentía acompañado, lo cierto es que ella estaba allí; hasta que la muerte vino y le arrebató la vida para luego conducirlo al profundo silencio eterno.

La desaparición física de Don Topin; liberó a Doña Alesi de una carga que la ahogaba y le interrumpía sus salidas cotidianas. Muchas veces la escuché decir en sus dramáticas expresiones; que ya no sabía cómo sobrellevar tan severa responsabilidad.

El confinamiento llegó a su punto conclusivo; sin embargo, la paz por tal liberación circunstancial pasó a convertirse en una incómoda soledad, que poco a poco se tornó insoportable, tanto para ella como para sus hijos; que en ese tiempo vivían en otra ciudad. Así fue como Doña Alesi cambió de planes, y comenzó a exteriorizar el deseo de vender su casa para irse del pueblo. Ella vociferaba con prepotencia y altivez; "estoy cansada de vivir en éste pobre pueblo, lleno de gente egoísta y malsana".

La incomprendida Doña quería estar al lado de su hija Rocina; de tal manera que a través de su elocuente perorata la convenció para que cumpliera sus insistentes deseos.

Es probable que el resultado de éste anhelo; también haya sido motivo de la liberación de otra carga incongruente; propia de las tribulaciones espirituales, que algunas veces se apoderan de la humanidad de quien les permite habitar y cohabitar en armonía.

En unas vacaciones como de costumbre; fui a visitar a mi mamá. En esa oportunidad me sentí diferente; mi vecina no habitaba en su casa donde permaneció por más de 50 años. En su lugar estaban otras personas. La nostalgia inundó mi cuerpo; porque yo le tenía un afecto entrañable, a pesar de no convalidar su irracional actitud.

Doña Alesi se fue del pueblo; con nuevas expectativas hacia un mundo mejor. Algunas veces, el necio corazón busca la paz en los rincones de casas ajenas; cuando en realidad el encuentro podría estar más cerca de lo que muchos se imaginan. Para ello, hay que despejar la mente y el corazón de todo dominio Jezabélico que no comparte territorios con la verdadera libertad. De allí, que la misma condición humana; con su cambio de mentalidad, guiada por Dios nos lleva a la infalible armonía espiritual, interna y externa.

En aquel tiempo saber del bienestar de Doña Alesi; fue un tema de interés para mí. Siempre estaba presente en mis cavilaciones, y en oportunas ocasiones le preguntaba a amigos y familiares por su salud y le enviaba saludos fraternales. Cada vez que visito a mí mamá es inevitable recordarla.

Años más tarde, pude conversar con uno de sus hijos; me comentó que su madre se encontraba triste y arrepentida por la decisión tomada, de vender la casa para irse a otra ciudad a vivir con su hija primogénita. Al parecer, las confusiones mentales que asiduamente la atormentaban seguían perturbando su tranquilidad emocional. En ésta ocasión, me contaron que ya no era tan soberbia y altanera como antes.

Las nuevas exigencias de Doña Alesi dieron otro giro, que resultó para su hija imposible de concretar. Ella quería regresar a su vivienda y al pueblo donde siempre vivió; pero no fue posible. Ojalá haya entendido que la soberbia y la altivez no son buenas compañeras para la paz interior de los seres humanos.

Doña Alesi, pasó sus últimos días de vida triste, sola y deprimida. Murió de un infarto al miocardio, y fue encontrada en su cuarto de habitación con varias horas de deceso. Así se marchó al profundo silencio. Dios quiera haya encontrado lo que siempre buscó: ¡la paz espiritual!

¡Viva y propicie la paz con los demás!

"Ciertamente la soberbia concebirá contienda; mas con los avisados está la sabiduría" (Proverbios 13:10).

El miedo

A los cautivos

Cuando mis hermanas y yo éramos niñas; vivíamos en el campo con nuestros padres. Recuerdo que en ese tiempo el miedo prevalecía de manera inclemente en nuestras emociones. No sé si era por cuestión de infantilismo; lo cierto, es que nosotras le temíamos a algunos animales, a las vacas por ejemplo, las veíamos por todas partes y apenas nos visualizaban nos perseguían con actitud violenta.

Un día, mi mamá mando a mi hermana Milagros y a mí a hacer una diligencia a casa de un amigo de mi papá, que vivía algo distante de la nuestra. Para llegar hasta allá, había que caminar varios kilómetros. Como de costumbre, nos trasladamos en una burra que siempre estaba disponible para nosotras. La burra era floja, pero tan floja que le costaba caminar, a veces pensábamos que era mejor ir a pie; pero el temor infundado nos contenía y paralizaba algunas ideas que llegaban a la mente. Muchas veces, nuestro medio de transporte debía ser estimulado con un cayado para que pudiera adelantar.

Esa tarde, salimos en obediencia, rumbo al destino indicado. Al mismo tiempo, el temor comenzaba a trabajar libremente en las emociones. Era aproximadamente las tres de la tarde, el sol estaba radiante y la sombra de los árboles emboscaban el camino; era propicia la ocasión para que cierta cantidad de ganado reposara cerca de la calzada. _En el campo, esto es generalmente normal en época de verano_. Lo que no parecía normal, era la actitud de algunos integrantes del rebaño.

Una vaca que estaba rumiando pasto seco, levantó la mirada y se quedó viendo aquella burra con su caminar lento que avanzaba con nosotras sobre su lomo. Se paró aparentemente llena de ira y salió al encuentro de la burra y de forma agresiva le dio una corneada por el lado derecho de la perezosa. Por cuestión de segundos quedamos paralizadas, por poco caímos al suelo; pero al mismo tiempo a unísono pegamos un grito ensordecedor y el pánico invadió por completo mi cuerpo.

Superado éste episodio, retomamos el camino y seguimos avanzando; pero el miedo seguía latente perturbando la paz, tanto en mí como en mi hermana; pero ya no era por los vacas, sino por los zorros rabiosos y las culebras venenosas; cuyas imágenes no dejaban de pasar por mi mente.

Recuerdo que ese día, nos acompañaba en ese angustioso recorrido, una perra que tenían mis padres, era de color negro y de tamaño mediano. Ella peregrinaba por lugares de su preferencia y en muchas ocasiones cuando estaba de buena ganas nos servía de escolta; lo hacía a regañadientes, porque era perezosa y gruñona, menos con mi mamá y mi papá.

Cuando creíamos haber recuperado el primer acontecimiento, que casi nos costó un accidente, vimos un zorro de color gris, con el rabo como una palmera, con matiz negro y gris. En ese instante no sabíamos qué hacer, ¡queríamos volar y desaparecer del lugar! _ Eso era imposible_, sólo nos quedó encoger y levantar como alas nuestros pies, hasta donde se pudo, y al mismo tiempo para agilizar el paso de la burra, le dimos un chaparrazo que en lugar de adelantar camino, lo que hizo fue, un movimiento que por poco llegamos al suelo y en medio del pánico alertamos a la perra para que avistara al zorro, y ella como si nada; no le dio importancia al asunto, y opto por retornar a la casa. Las que no debíamos volver a casa sin la encomienda, tal cual como lo ordenó mi madre, éramos mi hermana y yo.

Esa tarde, el pánico casi nos paraliza y mi corazón no encontraba espacio en mi pecho para desplazarse, _ya no sabíamos qué decisión tomar, regresar a casa o avanzar.

A pesar de lo vivido, nos impulsaba el compromiso y la obediencia. Por un instante olvidamos a las agresivas vacas; que pensándolo bien, creo que tenían algo negativo en contra de nosotras; tanto es así, que en mi núcleo familiar eran conocidas como el rebaño de vacas mansas que cualquier aprendiz podía ordeñar sin temor alguno.

Las horas avanzaban y la pesadilla mental no había llegado a su fin. En ésta ocasión, ya no era el rebaño de vacas las protagonistas del momento; la imaginación estaba enfocada en los zorros; ya las mentes se habían convencido que el propósito de los lobos era perseguirnos y destruirnos físicamente; además, creíamos que esa zona era territorio de zorros; pero, como si eso fuese poco, nos hicimos de la idea de que éstos animales eran fieras agresivas que padecían de una enfermedad llamada "mal de rabia".

El miedo nos seguía turbando; para ello, seguían apareciendo nuevas imaginaciones. Recuerdo que mi hermana les tenía terror a las serpientes y siempre asumía infundados tormentos que la perseguían. En ese instante, vino a mi memoria que en ese lugar frecuentaban las culebras, tanto en los arboles como por tierra. Era época de verano, las hojas secas tapaban parte del camino; cualquier animal bien sea pequeño o grande hacia ruido al caminar sobre ellas. Por lo tanto, no era extraño oír ruidos y movimientos en aquellos matorrales. Mi hermana, parecía expectante con respecto a lo que sucedía en aquel lugar, y me dijo: "apura la burra, escucho un mover raro en la hojas, creo que es una culebra". Yo volteé sigilosamente a mi derecha para ver a qué se debía el menear de las hojas; mi sorpresa fue mayor, resulta que se trataba de una serpiente que medía como metro y medio; de esas que llaman, "rabo amarillo". El susto fue inmenso, queríamos que la burra se desplazara a alta velocidad, ¡lograrlo era imposible!, porque se trataba de una burra morosa y testaruda._ La serpiente desapareció velozmente ocultándose bajo la inmensidad de hojas que habían caído de los árboles, producto del inclemente verano. Pero el temor, aun seguía dominando mis emociones y creo que las de mi hermana también.

A pesar de los contratiempos cumplimos lo encomendado. Al llegar de regreso a casa de mis padres; el miedo y la cara de pánico todavía era evidente en nuestros rostros; al mismo tiempo por el cuerpo de mi hermana y el mío destilaba sudor en abundancia.

_Mi mamá nos vio con extraña preocupación y no tardó en preguntar, "¿Qué les pasó?". Rápidamente, le contamos con detalles todo lo sucedido. Ella replicó con dudas algunos de los episodios referidos por nosotras; solo creyó lo del zorro y la serpiente, porque eran dos de los animales a quienes les tenía terror, y siempre sospecha de sus violentos ataques.

_Con el pasar de los años, he entendido que las personas algunas veces olvidan detalles de acontecimientos importantes. Tal vez, sea por eso que mi memoria no recuerda con exactitud cuál fue el mandado que le hicimos a mi mamá; tampoco manejo mayores referencias con respecto al lugar a donde nos enviaron. Lo que sí se mantiene en mi remembranza son las marcas del miedo del cual fuimos cautivas por varias horas.

Después de adulta comencé a caminar en fe a Dios y con su ayuda he podido controlar el miedo que me subyugó en mi niñez y adolescencia. Esto me fue revelado cuando asimilé que el hombre es un ser tripartito; conformado por cuerpo, alma y espíritu. Cada uno de estos elementos cumple una función específica en el humano. El Apóstol Pablo dijo: "Y el mismo Dios de paz os santifique por completo; y todo vuestro ser, espíritu, alma y cuerpo". (1

Tesalonicenses 5:23). El cuerpo, vuelve a la tierra porque de ella fue tomado. Además, tiene capacidad de comunicarse con el mundo físico, a través de los cinco sentidos. Mientras que el espíritu es la parte del hombre que se relaciona con Dios y con los asuntos psíquicos. El alma por su parte, refleja las emociones tales como: alegría, seguridad, tristeza, odio, temor y miedo.

En otras palabras, el control y la falta de dominio propio dependen exclusivamente de manifestaciones emocionales; las cuales reposan en el alma. Es por ello, que algunas veces observamos que ciertas personas, construyen ideas de ficción en sus mentes y las trasladan a la realidad como un hecho natural. Quiero decir con esto, que si usted es una persona que le teme a las arañas, seguramente a cada momento las visualizará a su alrededor, de diferentes colores y tamaños. ¡Parece absurdo, pero aquello que uno teme lo atrae!

El miedo es una manifestación del ser humano, por ello, en ciertos momentos cualquier persona lo puede experimentar. Además, es el enemigo más peligroso del ser humano, y es el arma más efectiva usada por Satanás para mantener a las personas esclavizadas en muchas áreas: en liderazgo, finanzas, dones para la música; hablar en público. Es por eso, que hay gente que sufre destrucción material, degradación moral y aniquilación espiritual. Lo importante, es tener en cuenta que las ideas de terror injustificadas no conducen al bienestar físico y mucho menos traen paz espiritual.

_Las ideas causantes de pánico, siempre van a aparecer en la vida de las personas, en algún momento determinado, cuando eso suceda, identifique la causa primaria y enfréntelo con autoridad y poder, tome como referencia el versículo bíblico donde Timoteo dice: "Porque no nos ha dado Dios espíritu de cobardía, sino de poder, de amor y de dominio propio" (2 Timoteo1:7).Cuando usted entienda que Dios no le ha dado espíritu de temor, le será revelado que fuimos creados para señorear por encima de toda la creación, y con esa determinación detenga el pánico, y éste huira de su vida. Luego, podrá observar que el miedo a cosas y animales se irá controlando paulatinamente en las emociones. En esa medida se podrá librar de las ataduras que hacen esclavo al ser humano en cualquier etapa de la vida. _ Aquello que uno teme, eso lo atrae_, es parecido al reino de Dios y el reino satánico. Uno decide, cuál de los dos reinos atrae a su existencia; por ejemplo si usted constantemente bendice, vera bendición y paz en su vida. Si por el contrario maldice, siempre estará rodeado de maldiciones, enfermedades, pobreza y depresiones.

¡El miedo paraliza y la fe en Dios moviliza!

Si usted es una persona esclava del miedo a animales o cosas. Lea y medite en el siguiente versículo bíblico, Dios le dará la dirección correcta para vencer del miedo que lo tiene cautivo.

"En el amor no hay temor, sino que el perfecto amor echa fuera el temor; porque el temor lleva en sí castigo. De donde el que teme, no ha sido perfeccionado en el amor". (1 Juan 4:18)

Es el momento de sepultarlo

A los que viven del pasado

Una tarde soleada llegué a casa de Carmen; una amiga que conozco hace más de quince años. Me pidió que fuera a su hogar porque necesitaba que oráramos juntas y en familia. Ella se sentía mal espiritualmente, debido a la constante quejadera de sus padres y su hermana: que si antes las cosas eran mejor que ahora, que el esposo de Carmen la traicionó con otra mujer, que los hijos son rebeldes, que el salario de antes alcanzaba para la cesta básica y ahora no, que la economía esta dolarizada, el confinamiento para resguardarse del Covid-19, en fin...

Ya eran como las tres de la tarde, cuando entré a la vivienda; vi que todos estaban sentados viendo la televisión. En ese momento, se iniciaba el programa, "caso cerrado" que transmite el canal Telemundo. Todos a la expectativa esperando la demanda ante el tribunal, impuesta por los litigantes.

La jueza era la Doctora, Ana María Polo. Enseguida ordenó pasar al demandante y el demandado. Al entrar a la sala del tribunal, los asistentes se quedaron observando al demandado. Se trataba de un hombre, el cual entró con una mujer bella y bien vestida cargada en sus brazos, pero tenía los ojos cerrados. El la sentó y la acomodó como pudo y con mucho cuidado, evitando que se callera al piso o se fuera de lado.

Luisa, la hermana de mi amiga Carmen comentó, "bella la mujer, pero se ve rara". El programa continuó su curso y los habitantes de la casa, estaban atentos para no perder los detalles. Yo cuando los vi concentrados en ese programa de televisión, le dije a mi amiga, _es mejor esperar que termine "caso cerrado"_, y ella me contestó. "Está bien, las cosas tienen su tiempo y su hora". Me quedé como televidente observando el asunto que se estaba apelando. El demandante era hermano del demandado. El denunciaba a su hermano, porque en su opinión, tenía graves problemas psicológicos. El quería y solicitaba ante la sala situacional, que su hermano enterrara a la esposa que había muerto hacía más de cinco años. La mandó a embalsamar y vive con ella en su casa, duermen juntos y la lleva de paseo a todas partes; pero además, cuando llega a un restaurant pide comida para los dos.

Al papá de Carmen le pareció insólito lo que estaba viendo y no tardó en decir: "¡ese hombre está mal!", "¿una muerta al lado?, ¡zape gato!".

Recuerdo que antes de comenzar a ver el programa, la familia de Carmen se habían servido café, pero fue tanto el asombro del caso televisado que se les olvidó tomárselo.

El demandado con actitud de asombro, manifestó no entender a su hermano e inmediatamente replicó, "se trata de mi esposa a quien amo profundamente; yo lo que necesito es que me auxilien un poco con el trabajo doméstico. Ella no molesta en nada, pero si requiero que me ayuden a atenderla". El demandado no concebía la realidad de que su esposa ya no esté viva, ¡está muerta!

La jueza dio su veredicto final, el cual falló a favor del demandante, apelando a la razón lógica, que toda persona que haya muerto se le debe dar cristiana sepultura.

Cuando terminó el programa "caso cerrado", todos se retiraron del frente al televisor y al mismo tiempo murmuraban aterrorizados con respecto al comportamiento del demandado. Luego, disimuladamente me preguntó la mamá de mi amiga; "¿Qué cree usted que le ocurre a ese señor con su esposa?"._ ¡Nada!_, respondí tranquilamente. Mi respuesta causo en la familia, algo así como extrañeza. "¿Y por qué ella está así?" Preguntó nuevamente la mamá de Carmen, lo hizo en voz baja. Ella seguía confundida e inquietada ante algo inusual._ ¿Cómo?_, le respondí de forma normal y tranquila. "Así muerta y embalsamada, ¿no se supone que debe enterrarla? y su esposo la carga cómodamente para todos lados". _Sí, el anda con su muerta al lado_, le dije. Según sus propios argumentos; la amó tanto que nunca la enterró, la embalsamó y se quedó a vivir con ella. Jamás la deja sola en casa. En vista de que nadie lo ayuda, la trae a comer al restaurant, van juntos al cine, la lleva a la playa, no la deja ni para ir al baño, ¡son inseparables! _"Pero eso es asombroso"_, murmuró la hermana de mi amiga, "¡¿Cómo a ese hombre se le ocurre semejante cosa?!" "¡Está loco!", "¡es un monstruo!". En ese instante, yo aproveché la ocasión para abordar el tema planificado; el cual tenía que ver con la búsqueda de solución a una situación tormentosa que perturbaba la paz de la hermana de mi amiga y la de sus padres; razón que los llevaba continuamente a estar en estado depresivo por cosas que ya pasaron en la familia, y que de una u otra forma les marcó y les sigue afectando su existencia.

_ ¿De qué se extrañan? _ les pregunté. Ustedes hacen lo mismo que el señor demandado. "¿Cómo?", respondieron todos a la vez. "¿Nosotros?, pero.... ¿Qué dices?" Sí, ustedes siempre andan con un muerto al lado.

_"¿Que andamos con un muerto al lado?, yo creo que tu estas confundida". _Sí, les dije nuevamente_. A ustedes siempre los acompaña un difunto.

_Por un instante pensé, ¡esta gente me va a echar de su casa!, vi hacia la puerta de salida y me encomendé a Dios. Al mismo tiempo Dios me dio seguridad y dominio propio.

Mis expresiones, a ellos les pareció extraña escucharlas, porque estaban acostumbrados a oír de mí otro tipo de términos.

_ ¡¿Qué?!_Si, ustedes andan para todas partes con su pasado; no lo sueltan para nada, ni para dormir. Los incluyo a todos porque cada uno anda con lo suyo. Todo aquel que no suelta lo pasado, anda con un muerto al lado. _La familia de Carmen me miraba fijamente.

Después les invité a reflexionar sobre estos dramas existenciales, cuan alicientes absurdos contienen la paz espiritual y la someten despiadadamente hasta degradar el alma y el cuerpo de cualquier ser humano.

_Muchas personas viven deprimidas y tristes por cosas que les ha sucedido en otro tiempo. También hay quienes respiran, lloran y ríen para el pasado y con el pasado; cuando en realidad el presente es el que cuenta. "El pasado pisado, dice un viejo adagio".

El demandado carga el peso físico de la esposa, eso no le favorece en nada, solo le ayuda para satisfacer su ego. El sabe que su esposa pertenece al pasado. ¡Allí no hay vida! es una realidad que él no ha reconocido. Si la hubiese sepultado, tal vez el peso de la conciencia le haría más daño que cargar el cadáver al lado. ¡¿Cuánto anhelaría tenerla viva?! En éste caso lo relevante del asunto, es que, si esta en pasado ya no tiene vitalidad.

Hace poco me encontré con un amigo, me invitó a tomar un café. _ Dialogamos por largo rato_. El tiene un hijo de nombre Ricardo, a quien dice amar intensamente; sin embargo, lo tiene por muerto, cuando le pregunté por él, enfáticamente me dijo: "para mí está enterrado" __ ¿y eso por qué?_ lo indagué sorprendida. "Porque le rogué que no se casara con Flor, por ser hija de quién es y no me escuchó". ¡Esto también me pareció absurdo! Resulta que mi amigo, también cargaba su muerto encima. ¡Suelta ese rencor que no te deja disfrutar la vida en compañía de tu hijo!

También conozco el caso de Juan, quien lleva más de 6 años separados de su esposa, cada uno vive por su lado, ella tiene una nueva pareja a pesar de seguir casada con Juan. Lo curioso del caso es que Juan no quiere divorciarse y ha decidido permanecer solo, porque prefiere quedarse con el dulce recuerdo de la mujer que ama profundamente, a pesar de estar alejados físicamente. El todavía no ha aceptado la realidad de su separación conyugal, prefiere vivir solo y deprimido albergando y esperando un pasado, que nunca llega: el retorno de su "ex".

_ El pasado más agradable se debe enterrar al igual que el más doloroso, porque ambos ya están en el pasado, ¡no en el presente! Lo pasado se usa como experiencia de vida, sea bueno o sea malo, mucho o poco. Todos te dejan un aprendizaje. ¡Sácale provecho para bendición! Como decía Isabel Allende: "Memoria selectiva para recordar lo bueno, prudencia lógica para no arruinar el presente, y optimismo desafiante para encarar el futuro". A los difuntos que nos amaron y amábamos, simplemente se respetan y se recuerdan con afecto. Vivir de la sombra de sus recuerdos no edifica ni ayudará en nada.

_Si tú ex esposo o esposa te hizo daño, no lo recuerdes con odio, usa esa experiencia para socorrer a otros. No te quedes con el peso de ese pasado al lado. Si tu mejor amiga te traicionó o te causó un agravio, agradece a Dios el aprendizaje obtenido, sepulta esa rabia que pasaste, ya ese acontecimiento está muerto, ¡entiérralo! No vivas con ese rencor encima, avanza con nuevas fuerzas.

Vivir con un recuerdo no es malo, pero trae consecuencias rencorosas que hunden el alma y son tan pesadas que no te permiten seguir adelante de manera exitosa. Si cargas un muerto embalsamado encima, no olvides que ya está muerto y con mucha sabiduría y fortaleza, sepúltalo hoy mismo.

La libertad que Dios nos ha dado es lo más preciado que tenemos. No permitas que el pasado por muy grato que haya sido, se interponga en tu camino. Dios desea bendecirte cada día y quiere cumplir su propósito en ti; que por demás es bueno, agradable y no añade tristeza alguna.

El pasado es un baúl lleno de vivencias tanto positivas como negativas que involucran personas, animales y cosas, que a su vez están asociados a las emociones: alegrías y tristezas. Cuando caminas con las cargas del pasado, el cuerpo arrastra quejas, desesperanza y depresiones. _No vivas de la vanagloria del pasado, eso ya no existe_. ¡Sepúltalo!

_Levántate con nuevas expectativas. ¡Se feliz!

¡Identifica tu muerto hoy, y sepúltalo ahora mismo!

"Hermanos, yo mismo no pretendo haberlo ya alcanzado; pero una cosa hago: olvidando ciertamente lo que queda atrás, y extendiéndome a lo que está delante" (Filipenses

Victima de quién

Para los que viven como victimas

Era finales de un siglo, era otro tiempo, otra cultura donde la vida tal vez tenía un mejor sentido humano; lo digo porque en la actualidad parece que matar el cuerpo y el alma de alguien resulta para los desalmados una práctica ligera, la cual va acompañada del enfriamiento del amor al prójimo y como si fuera poco, hacia ti mismo. Esta situación da lugar para todo: para tolerar lo malo y hacer ver lo ilícito como aceptable.

Desde niña he escuchado a mucha gente referirse a la palabra víctima. Por lo general este término es atribuible a una persona que recibe daños de otros. En otras palabras, el maltratado se le cataloga de víctima y el lesionador se le llama victimario. También están los que construyen su propio mundo para victimizarse. Parece incongruente, pero en algunos asuntos vemos que la víctima y el victimario conviven de manera complaciente o son capaces de vivir bajo ciertas tolerancias. En estos procesos, el punto de coincidencia trae el mismo desenlace: la muerte física y en muchos casos la espiritual.

Todos de una u otra forma hemos sido víctima o victimario de alguien o de algo. En esto debemos ser honestos y reconocer que Dios no está presente, ni respalda las prácticas que conlleven a causar malestar o daño al prójimo. Reflexionar al respecto, es necesario para perdonar y auto perdonarse, para luego avanzar con la frente en alto.

He conocido personas que han convivido toda su existencia con sus victimarios y las han soltado el día que logra matarlos. Estos seres humanos han decidido ser esclavos atentos y serviles de sus victimarios. Otros, por alguna razón salen del ciclo, pero como se trata de algo espiritual, la sombra de otro victimario constantemente los persigue hasta llegar a alcanzarlo nuevamente, y lo cumbre del asunto es que la experiencia se repite en situaciones similares, porque lo que tu toleras lo atraes y puede convertirse en un círculo vicioso en tu vida.

Hoy mi memoria trae al presente a un Señor de nombre Anselmo a quien conocí de vista y trato. Lo recuerdo en sus dos facetas, tanto de víctima como de victimario. Siempre lo vi esclavo del alcoholismo, no podía vivir sin consumir aguardiente. Era capaz de tomarse medio litro de "caña clara" sin despegar su boca de la botella y sin temor alguno a que se le irritara la garganta. Constantemente estaba rodeado de otras víctimas del mismo victimario: "el alcoholismo". Anselmo lucia desnutrido, su rostro estaba envejecido, la piel tostada, su pelo se veía marchito, no era raro ver sus brazos con heridas y moretones producto de las constantes caídas por falta de equilibrio al caminar. Nunca lo vi con cara de felicidad. Sin embargo, expresaba con mucho orgullo su borrachera. No le importaba mendigar y prostituirse para conseguir dinero para alimentar a su victimario: "el aguardiente". Si por casualidad se le acercaba alguien de noble corazón, con intenciones de ayudarlo a salir de las garras de quien lo tenía esclavizado, con gran desfachatez le decía: "yo soy feliz borracho, nadie me lo va a quitar". Sus expresiones estaban lejos de la realidad. Una persona, no puede ser feliz con algo que lo está matando lentamente.

Algunos vecinos fueron víctimas de sus ofensas y maltratos. Los hijos y su esposa vivían en zozobra, ya se habían convertido en víctimas de un jefe de familia que había decido habitar en armonía con su agresor, que de manera implacable no escatimó para destruir la humanidad de éste hombre que lo toleró por muchos años, y como si fuera poco, le robaba la paz de quienes le rodeaban.

Cuando una persona es víctima de algo o de alguien no es feliz, ni tampoco genera felicidad en su entorno social. Ese precisamente era el caso del Sr. Anselmo.

Un día de manera inesperada, Anselmo comenzó a presentar dolores de estómago. Sus familiares cercanos decidieron llevarlo al médico para realizarle los exámenes correspondientes. Los resultados fueron pocos alentadores, el alcohol ya le había destruido el hígado y otros órganos vitales. Desde ese mismo instante, comenzó a librar otra batalla distinta; en esta ocasión buscaba ser libre de los daños causados por su victimario. Situación que lo hizo cambiar de actitud; trataba a su esposa e hijos de forma amable; de tal manera que caminaban por las calles del pueblo agarrados de la mano en demostración de lo tanto que se amaban. Lamentablemente ya era tarde, su victimario se había llevado lo mejor de su vida: la paz y el amor que tanto anheló su familia; dejando a su paso la destrucción de su humanidad conduciéndolo a la muerte física y tal vez la espiritual.

También tuve la oportunidad de conocer a Maricarmen, una mujer que vivió serios abusos de parte de su esposo. Ella continuamente estaba triste y nerviosa. Las veces que él la maltrataba físicamente, se encerraba en su casa para que nadie se enterara de lo ocurrido. Ella vociferaba que estaba casada con el hombre más amoroso y bueno de toda la tierra; ¡jamás había conocido otro igual! Maricarmen, antes de estar casada era una mujer alegre y feliz. Después de pocos años de matrimonio, su rostro cambió, le costaba brindar una sonrisa, lucia delgada y comenzó a padecer de insomnio. Estas son las consecuencias de una causa generada por un victimario que se dedicó a destruir a su víctima, y ella de manera comprensiva lo justificaba. Este hombre de alguna forma también era martirizado sutilmente por la soberbia y la falta de amor, situación que no lo hacía feliz para amarse, ni amar genuinamente a su esposa.

Años más tarde vi a Maricarmen, ya se había divorciado, _por fin logró salir de esa relación tormentosa_. Ella con la ayuda de familiares cercanos trataron de auxiliar a su cónyuge para ver si restauraban su matrimonio, pero fue imposible. El hombre alegaba que nada ni nadie lo harían cambiar, porque según su punto de vista, él es así.

La mayor parte de los problemas donde nos encontramos cautivados, conviven ahí, en la mente y el corazón, los cuales se pueden convertir en una víctima o un victimario peligroso. Lo interesante, es que usted decide si quiere ser víctima o victimario. Esto parece contradictorio, porque a nadie le gustaría vivir bajo maltrato físico o psicológico. Pero si observamos a la gente desde la cotidianidad, vemos con mucha regularidad: las víctimas, los victimarios y los victimizados. El punto de coincidencia es que estos tres elementos si usted no los tolera en su vida, jamás podrán hacer grietas en su corazón. Todos los que viven bajo esta situación son condescendientes con estos episodios. Lo gratificante es que, si deciden auto liberarse de manera definitiva de sus opresores, serán verdaderamente libre; de lo contrario seguirán bajo el yugo de sus asesinos silenciosos. Los victimarios tienen el corazón enfermo y las victimas con fracturas y dolor.

El cuerpo humano puede ser comparado con una casa donde el propietario autoriza a alguien para que habite ahí; el día que él decida no tenerlo más en su casa, porque no le conviene o le está causando algún daño a la propiedad, sólo él tiene la autoridad y el poder para desalojarlo. Otra persona no lo podrá hacer, porque sencillamente no tiene la potestad necesaria para despedirlo. Esto quiere decir, que si usted tolera el comportamiento y los daños del inquilino y no toma la decisión de sacarlo de su casa, él seguirá allí y le continuará perturbando su paz, y él será su victimario y usted una víctima permanente.

También, he conocido personas que son atormentados por la depresión y cuando hablan de sus experiencias, todo conduce que las causas son originadas por algo que les ocurrió hace 20 años y si tratas de ayudarlos para que reflexión y se suelten del victimario, no tardan en decirte. "Jamás olvidaré lo ocurrido", "ese hombre o esa mujer me destruyó la vida", "esta experiencia la llevo hasta la muerte", "todos los hombres o mujeres son iguales, por eso no confió en nadie". La sombra del victimario la tienen clavada en la mente y el corazón, y eso los hace victimizarse para no hacer nada para cambiar su punto de vista. Prefieren no ser feliz y mucho menos disfrutar de nuevas oportunidades que Dios tiene para sus vidas. En estos casos, su mirada está enfocada en las experiencias negativas, solo ellos pueden desalojar al agresor de su cuerpo y su alma.

Todos tenemos el poder de cambiar nuestras circunstancias; porque somos hijos de Dios y tenemos poder y autoridad para hacerlo. Si queremos una restauración verdadera que nos lleve a ser libres, debemos reflexionar y rediseñar el amor para empezar a valorarnos y amarnos a nosotros mismos, solo así podrá quitarse la máscara de víctima para luego trasformar la mente y sanar el corazón. Es necesario dejar la culpa y el auto culpa de lado, para orientar el cambio de enfoque hacia una nueva visión de vida. Esto implica estar listos para enfrentar a cualquier victimario que se aparezca en su andar diario para robarle la paz o para causarle algún daño, tanto físico como espiritual. Busque la ayuda de Dios, recuerde que él lo ha hecho libre de toda atadura, para llenar de paz su corazón.

Una persona, es víctima de lo que tolera en su casa y en su cuerpo. Trabaje en función de su libertad. Usted será víctima del alcohol o la droga hasta que decida ponerle punto final a su consumo; si no lo hace, su victimario lo llevará a la muerte física y espiritual. Si usted no decide perdonar a aquellos que en algún momento le han causado daño vivirá deprimido, enfermo y triste mientras este con vida. Disponga su corazón y su mente para perdonar, no es tarea fácil, pero sí se puede, y el resultado le traerá paz y descanso a su alma. Si recibe agresiones físicas o psicológicas de esposo o esposa, o cualquier otra persona, no las tolere, trate de ayudarlo o ayudarla, acuda a Dios, él está listo para direccionarlo, si no le acepta las orientaciones sugeridas, salga de ese confuso y desventurado círculo, porque de manera paulatina dañará su bienestar. Dice el profeta Isaías: "porque yo Jehová soy tu Dios quien te sostiene de tu mano derecha, y te dice: no temas, yo te ayudo". (Isaías 41:13) .Todo ser humano es valioso para Dios, no permita que la falta de decisión personal y la tolerancia a situaciones adversas, lo convierta en victima permanente de algo o alguien. Actúe con autoridad y poder en el momento indicado y véase como Dios lo ve, ¡con amor y libre de ataduras físicas y espirituales!

¿Victima de quién?

Verdaderamente libre

A los que quieren libertad

Una tarde, de esas poco concurrida por representantes y alumnos. Yo estaba en la oficina de segundo año, donde cumplía funciones como "Coordinadora de seccional". De pronto llegó Marielena una amiga y hermana espiritual, me saludó con mucho afecto. Ella se congrega en una iglesia distinta a la mía. Ese día no había mucho trabajo administrativo. Fue propicia la ocasión para conversar sobre temas relacionados con las transformaciones que Dios hace en la vida de quienes le creen. Recuerdo que me contó con detalles una anécdota de cómo Dios le cambió su forma de ser. Todo fue un proceso que la llevó a reflexionar con respecto a las cosas que le conviene hacer y saber para estar en paz. Confiesa que en algunos casos no fue fácil, pero con Dios pudo lograrlo. Ella era una persona iracunda, que por simplezas se decepcionaba y se deprimía. Ahora ha demostrado que es una persona diferente; pocas cosas la desenfocan negativamente.

Marielena me contó, que hace pocos días; ella estuvo de cumpleaños y como siempre se preparó para recibir las felicitaciones de sus familiares y amigos. Ese día, recibió muchas congratulaciones, menos la de Carlos, su amigo de toda la vida. Él siempre ha sido su apoyo en los mejores y peores momentos que a ella le ha tocado vivir. Por eso, esperaba entusiasmada la llamada de Carlos. Razón que condujo a la cumpleañera a sentir preocupación y se hizo algunas interrogantes: "¿qué raro?, ¿Carlos me sigue considerando su mejor amiga?". Así pasaron las horas y la llamada de su mejor amigo nunca la recibió. En la noche, la cumpleañera al ver que Carlos no la llamaba, agarró el teléfono y lo llamó:

_"¡Aló!, ¡¿Carlos?!"

"Si.... ¿Quién es"?

_"Yo".

"¿Y quién es yo?"

_ "¡Marielena!"

"! Marielena!; ¡qué alegría escucharte!"

_"Un momentico, Carlos, ¿sabes qué fecha es hoy?"

"¿Hoy?, bueno, es miércoles........pero..... La fecha..."

_ "¿Qué fecha especial?"

"¿Día del estudiante universitario?"

_ "No....."

"¿Día del trabajador?", "Marielena,....no sé....."

_"Carlos, ¡hoy es el día de mi cumpleaños!".

"¡Oye es verdad!, ¡se me había olvidado!"

_"Yo sabía, por eso llamo para recordártelo".

"Marielena, mi amiga del alma, quiero desearte....."

_"No, espera un momento, y me llamas".

"¿Okey?"

La cumpleañera, se hizo la difícil y se alejó inmediatamente del teléfono y dejó que otra persona contestara.

"¡Marielena....! Marielena, te llaman por teléfono" gritó la mamá.

_ "¡¿Quién me llama?!"

_ "¡Carlos!"

"¡Aló, gracias Carlos, no esperaba menos de ti!" .Contestó Marielena, amablemente. Carlos esperaba que su amiga le reclamara el olvido, pero eso no sucedió.

_Ese día, a Carlos se le presentó serios inconvenientes, que le hicieron olvidar completamente la fecha del cumpleaños de su mejor amiga.

En la noche, Carlos no pudo conciliar el sueño, sus mayores deseos era ver la claridad de un nuevo amanecer; para hacer llegar personalmente la disculpa a su amiga, por el imperdonable olvido.

_El día siguiente, apenas clareó, Carlos se presentó a casa de su amiga. Le llevó un obsequio que hacía un mes había comprado para ella y con cara de vergüenza le pidió perdón por lo sucedido y se lo entregó. ¡Marielena se sintió feliz y tranquila!

Situaciones como ésta, la vemos con mucha regularidad, en amigos, familia y matrimonios. Lo que hace diferente cada escenario, es la manera de canalizarlas.

A pesar de las diferentes batallas que libramos a diario, producto de iniquidades o costumbres generacionales; el deseo de Dios es que su creación y principalmente sus hijos nos dispongamos para un cambio de actitud progresivo, verdadero y en paz.

Cuando Dios transforma a una persona, hay ascenso y los cambios son evidentes. El progreso viene al rechazar lo que no te hace feliz y lo que te esclaviza. Tú decides el tipo de persona que quieres ser. Depende de ti, el disfrute de tu libertad.

Marielena convirtió un episodio, que en otro tiempo le pudo causar amargura y sufrimiento, por un hecho que solo le trajo comprensión y paz. Tanto para ella, como para su mejor amigo. _ ¡Esto también se llama libertad!_. Juan el Bautista dijo: "Así que, si el Hijo os libertare, seréis verdaderamente libres". (Juan 8:36). Esta expresión permite entender que Dios, ciertamente nos hace libre de manifestaciones de esclavitud que están asociadas al pecado y la iniquidad.

_La libertad viene de Dios, por medio de la verdad y la justicia. Dejamos de ser cautivos y pasamos a vivir la vida que Dios anhela para nosotros.

_Cuando quieras que alguien te ame, ámalo tu primero; acepta que te honren. Cuando un amigo tuyo no te felicite, no es porque no te quiere, sino porque se le olvidó o porque tal vez se le presentó algún inconveniente. Si tu compañero de trabajo no te saluda, salúdalo tu primero. Si tu vecina no te sonríe; sonríele. Si alguien no te llama recuérdaselo para que te llame. Cuando tu esposa o tu esposo no te de un beso antes de salir de casa, toma tú la iniciativa, si quieres recibir, comienza por dar.

_A cualquier ser humano se le olvida las cosas. No recordar la fecha de cumpleaños de un familiar o un entrañable amigo, no significa odio, falta de afecto o querer romper con una relación. Olvidar es dejar de hacer cosas que se tenían pendientes, que por alguna circunstancia no fue posible recordarlo.

La memoria ante la distracción de los afanes diarios, puede dejar de lado hasta los más notables momentos que se tenían planificados.

_Dios le ha dado al ser humano un territorio para que lo trabaje y haga de él un mundo lleno de felicidad. Cuando algo no trae bienestar físico y espiritual a nuestra vida, razone para que observe lo que usted ha traído de manera incorrecta a su territorio.

_Si desea experimentar la libertad, identifique el padre de la esclavitud y sáquelo de su territorio: familia, cuerpo y hogar. Solo Dios trae paz, armonía y comprensión para vivir en abundancia. Si es necesario comience a definir y poner en orden de prioridad los cambios que usted requiere. Algunos son más evidentes y perturbadores que otros, pero todos deben salir de su cuerpo y su alma de forma inmediata o progresiva.

_Cuando la libertad le es revelada al hombre, las cadenas y ataduras desaparecen.

Verdaderamente libre

"Estad, pues, firmes en la libertad con que Cristo nos hizo libres, y no estéis otra vez sujetos al yugo de esclavitud". (Gálatas 5:1)

Rebelión silenciosa

A los que hablan con Dios

En los últimos años de mi apacible adultez, a mi memoria le ha dado por reflexionar sobre algunos acontecimientos vividos en otros tiempos. Estas ineludibles remembranzas, destilan hoy en mi ser, un aroma edificante y lleno de satisfacciones personales. Mi infancia no fue la mejor, ni tampoco la peor.

Yo era la segunda de ocho hermanos y estudiaba en una escuela rural, identificada con el numero "36143498". Estos números quedaron plasmados para siempre en mi retentiva, sería de tanto escribirlos. Esta cifra formaba parte del membrete de la institución. Por lo tanto, era tarea obligada copiarlo en el cuaderno todos los días, conjuntamente con el contenido de las clases impartidas. Por demás, me resultaba enfado ver a la maestra cargar el pizarrón en su totalidad, con el tema a desarrollar.

Durante la etapa de educación primaria tuve dos educadoras, la primera se llamaba Neris, era natural de Valle de la Pascua. Lo único que viene a mi mente al recordarla, son las copias del libro silabario, la tabla de multiplicar y las menesterosas sanciones aplicadas a aquellos estudiantes que no cumplían debidamente con las tareas asignadas. Entre los castigos más empleados estaban: los plantones por una hora, bajo la intemperie de un sol radiante, y como si fuera poco, las hincadas de rodillas sobre pequeñas piedras. Este castigo era para los alumnos que no respondían de forma adecuada a las preguntas relacionadas con la tabla de multiplicar. _En la mayoría de los casos yo salí airosa_; por lo tanto no fui víctima de esas desventuradas condenas. _ ¡Aquello era una tortura!_. Algunos de mis compañeros de clase no corrieron con la misma bendición. Cualquier alumno pudo ser merecedor de estos inhumanos castigos, sino cumplía con la asignación complementaria, sugerida por la implacable mentora.

Luego fui discípula, de mí siempre acrisolada Marisol Camacho. ¡Una insigne maestra! De ella aprendí muchas virtudes que hoy día lo valoro y lo agradezco profundamente. La maestra Marisol, despertó en mí la pasión por la docencia. Además, tenía muchas cualidades: trataba a los estudiantes con amor, se podía hablar con ella, respetuosa, su rostro reflejaba felicidad, lucia elegante, explicaba de forma pedagógica cada uno de los temas planificados, escribía bonito y yo quería tener la letra como ella, y así fue. Me agradaba y me emocionaba realizar las caligrafías que me fijaba de tarea y eso fue determinante para que mi letra hoy día luzca bien y ordenada. El talante de ésta rozagante pedagoga, no dejaba espacio para sancionar a sus alumnos de forma cruel.

El plantel quedaba lejos de mi casa, para llegar a clases mis hermanas y yo, diariamente caminábamos varios kilómetros. Ese recorrido no era piedra de tropiezo para quedarme en casa, por el contrario me encantaba ir a la escuela para encontrarme con la maestra Marisol y con sus novedosas estrategias y actividades para enseñar. Yo iba emocionada y expectante.

Todos los días me levantaba muy temprano en compañía de mis hermanas, para realizar los trabajos del hogar: buscar agua y leña; a veces debíamos darle revisión a la parcela que tenía mi papá. Después de cumplir con los deberes de la casa, nos alistábamos y salíamos rumbo a la escuela, por lo general llegábamos tarde al encuentro; cosa que no le agradaba a la maestra, eso sí, ella no comentaba nada en público, pero su gesto lo decía todo. Estos sinsabores detalles, yo los observaba, y a pesar de ser una niña, sabía que la puntualidad era un valor muy importante en el ser humano. Al llegar daba los buenos días, y pedía permiso antes de entrar al aula de clases. Cada retardo para mí, era un motivo de intimidación; pero también comprendía que las tareas del hogar formaban parte de la obediencia a mis padres, que por muy temprano que iniciáramos la faena en casa, la hora avanzaba en contra nuestra.

Así transcurría mi andar diario en aquel territorio. Al poco tiempo, culminé la educación primaria con mucho éxito y expectativas a futuro. El día que recibí el certificado pude experimentar felicidad por el logro alcanzado; además, recuerdo con infalible nitidez las ideas y sueños que se paseaban por mi mente, a veces me parecían inciertos; pero yo seguía confiada que algo bueno Dios tenía para mí.

El campo donde pase mi infancia, lo puedo describir como una fuente inagotable de bellezas naturales, donde no se necesita mucho para distraer los sentidos; la vista se apasiona con el colorido de la naturaleza, los oídos reciben el trinar de los pájaros mañaneros, que a su vez abrillantan y suavizan el alma y la existencia misma. El olfato aspira el aroma impredecible de las flores, y la piel se prepara para acariciar la brisa suave, que se acerca sin hacer acepción de personas. Estas maravillas son indiscutiblemente apasionantes; es por ello que, dentro de mi capacidad de raciocinio es absurdo entender, una injustificada rebelión, que solo existía en el silencio del alma mía, que no aceptaba el campo como mi lugar preferido para desenvolverme plenamente. Las tareas cotidianas: salir a buscar leña y agua, siempre me resultaban una sutil tortura, cuidar la siembra y la cosecha estaban ausente de satisfacciones; pero nunca me rebele ni desobedecí el mandato a mis padres. Mi actitud mental no era precisamente la rebelión o la desobediencia, sino la repercusión de un hecho social que no formaba parte del propósito para el cual naci.

Hay cosas que no se hicieron para uno y cuando te lo imponen, es así como, cuando luchamos en contra de la corriente. Moisés dijo: "Yo sé que tú puedes hacer todas las cosas; ningún propósito tuyo puede ser estorbado" (Job

42:2). Una vez que Dios ha establecido su propósito en nuestras vidas, nadie podrá cambiarlo. Cuando él abre una puerta ningún hombre por mucho que quiera, no puede cerrarla.

De tal manera que, todo ser humano, nace con un llamado celestial. De nosotros depende descubrir o dejarlo perder, por no darle el lugar que corresponde. Dios sabe lo que necesitas y lo que mereces, pero también es necesario entender como humanos, cuáles son sus designios, y en ese sentido debemos enfocarlos con la visión de vida.

Yo soñaba y me veía establecida en otro lugar, me paseaba imaginariamente por mis estudios de bachillerato y universitarios, hasta llegar a obtener el título que anhelada. Mis pensamientos iban de un lado a otro, proyectos y metas salían por doquier, ¡nunca lo llegue a vociferar con nadie!, pero si tenía un confidente y perfecto interlocutor. Yo hablaba con Dios en secreto. En ese tiempo nunca imaginé que El me escuchaba y tampoco pensé que tenía un plan maravilloso de bendiciones para mí.

A los pocos días de culminar los estudios de Educación Primaria, mis padres me inscribieron en el Ciclo Combinado "Baltazar Padrón", para cursar el bachillerato. Al principio, se presentaron algunas dificultades; pero Dios movió la mano de sus Ángeles, Doña Ramona fue una de ellas y Maritza, una compañera de estudio. Ellas me bridaron su cobijo por aproximadamente un mes. Gracias... Doña Ramona, quien hoy duerme en la paz del Señor. A Maritza infinitas gratitudes.

Después, ocurrieron ciertos acontecimientos en la casa de mis progenitores, que dieron lugar para que ellos abandonaran el campo y tomaron la decisión de irse a vivir al pueblo.

Cada día, me sentía más a gusto y en mejor ambiente. Ya no tenía que buscar leña y agua. En el pueblo yo tenía las dos cosas, podía ver la televisión, recuerdo que era blanco y negro. Me acostaba a dormir una hora más tarde que en el campo, las actividades las podía realizar de día o de noche.

Del campo, extrañaba la tranquilidad y la melodía del trinar de los pájaros. El Caro, un árbol frondoso que había en el patio de la casa, bajo su sombra jugaba con mis hermanas. Nunca olvidaré las matas de ciruela que muchas veces me sirvieron de columpios, la laguna donde siempre acudíamos a buscar agua, allí nos bañábamos felizmente.

De aquellas llanuras y montañas cercanas a donde me crie, acaudalo considerables historias para sentirme positiva y en armonía; lo traigo al presente y visualizo los inmensos montes de acuarela que aun puedo disfrutar imaginariamente; cuya belleza rodeaba mi andar diario durante mi relajada infancia, y en algunos momentos me convertía en exploradora de significado que me llevaba a contemplar la diversidad de la naturaleza y la grandeza dibujada por el arquitecto del planeta. _Alabarlo por tan majestuosa obra es y será siempre inevitable_. Son remembranzas que sentimentalmente engalanan mi memoria, a pesar de no haberme sentido plena en aquel lugar y en aquel momento.

Estas inmensurables vivencias no fueron suficientes para detener el plan que ya estaba predestinado. En mi interior se había gestado una rebelión silenciosa que me impulsaba a seguir hacia otro destino, porque así son las vicisitudes cuando el propósito de Dios está establecido para cumplirse en la vida de una persona.

Esta inusitada retrospectiva infantil queda marcada en mis recuerdos para edificar mis postreros contornos sociales, para demostrar que cuando se ora a Dios en secreto y creyendo, él nos recompensa en público. Las circunstancias del momento no determinan tu futuro; mientras que los procesos te perfeccionan para que recibas lo agradable y perfecto que Dios tiene para ti.

La obediencia a Dios y a tus padres te conducen por caminos de bien y rectitud.

Ante cualquier hecho, hable con Dios en secreto, con aciertos y desaciertos, él siempre tiene la mirada puesta en quienes le invocan. ¡Dios te escucha y te asiste! ¡Conecta tus propósitos con los de Dios y tus sueños se harán realidad!

"Mas tú, cuando ores, entra en tu aposento, y cerrada la puerta, ora a tu Padre que está en secreto; y tu Padre que ve en lo secreto te recompensará en público". (Mateo 6:6)

Hacia adónde apuntas

A los sinceros y honestos

Hace un par de meses me encontré con Julián, un amigo que hacía mucho tiempo que yo no veía, ni sabía de él; ¡qué alegría sentí al verlo! Es sabroso encontrarse con personas amadas a quienes los años y las circunstancias han alejado. Nos abrazamos con el cariño de siempre y conversamos de todo, hablamos de amigos, familiares y de escenarios comunes. Le pregunté por su esposa; pues mi amistad fraterna y solidaria no solo era con él, sino también con su pareja Elisa.

El se quedó mirándome fijamente con cara......

_"¡Pero!, ¡¿Cómo?, no lo puedo creer, ¿tú no te enteraste?!" – .Me contesto Julián.

No... La verdad no sé nada, ¿Qué paso con Elisa?_ le dije con cierta curiosidad.

_"Nosotros nos divorciamos".

Me quede enmudecida por un instante; tal vez mi subconsciente estaba asimilando el desconcierto de la confidencia recibida.

Esta noticia, en realidad me tomó por sorpresa, porque fui testigo del amor que se profesaban como pareja, y se veía madurez en las decisiones que tomaban.

Las personas cuando se divorcian pasan a un plano individualistas, creen que ellas son las únicas afectadas, el esposo culpa a la esposa y viceversa y no se dan cuenta que todos los que están a su alrededor, de una u otra forma también son tocados. Los amigos y familiares se acostumbran a verlos juntos, no por separado. Los hogares se fracturan, los hijos sufren y no entienden el problema. El matrimonio es una decisión que se debe tomar con madurez y responsabilidad, para evitar que ocurran los divorcios.

Mi conciencia no creía, ni quería aceptar que sus amigos se habían divorciado.

¿Qué les pasó? Le pregunté.

_"Esa mujer no era lo que yo pensaba, me resultó un fraude"

_ ¿Te resultó un fraude?; ¡pero ustedes se veían muy felices!

_ "Sí, eso era al principio, esa mujer era pura apariencia, después se echó a perder por completo. ¡A decir verdad, eso es raro la mujer que sale buena, la mayoría tienen problemas existenciales, entiendo que esa es su naturaleza!". Así me dijo.

Su respuesta me incomodó por un instante, pero yo seguía dominando mis emociones, y me dije en silencio; no es posible que éste hombre se refiera despectivamente, de la mujer quien fue su pareja por varios años y quien además es la madre de su primera hija, por quien los debería unir una estrecha relación de aprecio.

Su ex esposa no es cualquier persona de sexo femenino, es la mujer con quien has establecido un vínculo, que si bien es cierto ya no es matrimonial, debe ser de amistad y respeto. ¡Ahí está la gran diferencia! "El que halla esposa halla el bien, y alcanza la benevolencia de Jehová". (Proverbios 18:22). El matrimonio representa una oportunidad para aflorar la felicidad, es un recorrido de placenteras aventuras donde prevalece el caminar junto. No es para mirar cada uno por su lado y separados, es enfocar sus proyectos hacia la misma meta.

Los hombres deben valorar el significado de las expresiones cuando se refieren al sexo femenino, _"esa mujer me resultó un fraude"_. Estás hablando de la mujer con quien te enlazaste por el resto de tu vida. El respeto debe marcar la pauta en toda relación, indistintamente de cómo marchen las cosas.

Julián continuo expresándose mal de su "ex", cada palabra que salía de su boca era para justificar la acción real que lo llevó al divorcio. Yo observaba con detalles su discurso cargado de acusaciones y pude percibir que el protagonista del fracaso matrimonial no era Elisa sino él. Tampoco me pareció correcto que hablara mal de ella, en su ausencia.

Mis padres me enseñaron a respetar al prójimo y siempre me decían que no es bueno, ni sano hablar mal de alguien que no esté presente, a no ser que sea para edificar.

El hombre seguía hablando despectivamente de la mujer con quien estuvo casado por varios años, y como se trataba de mi amiga, inmediatamente traté de cambiar el tema de la conversación.

Le pregunté, ¡¿cuéntame cómo están tus hermanas?!_ "Están bien; pero, déjame terminar de contarte la historia del divorcio". Me indicó sonriendo.

_Okey, continua _ le dije con pocas ganas de escucharlo. Mientras él hablaba, mis oídos sufrieron un problema de audición fugaz que no pude oír la conclusión de su delirante y falaz discurso.

_Lugo le hice otra pregunta. ¿Cómo estás actualmente? Enseguida me contestó.

"Yo me volví a casar...." Me dijo algo enaltecido.

_ ¡Ah...! ¡¿Te casaste nuevamente?!_ le pregunté sorprendida, porque no tenía mucho tiempo de estar divorciado de un matrimonio donde duró 8 años de casado.

_"Si, amiga, yo no me puedo quedar solo". _Me contestó con prepotencia.

_ ¿Y cómo te va con ésta nueva relación?

_"Si te soy sincero, no me va bien, esta mujer tampoco me convence, yo no sé qué me pasa, las mujeres que busco tienen problemas o no sé si es cuestión de mala suerte".

Algunas personas creen en la mala suerte, también piensan que el problema lo tiene el otro, por eso siempre se expresan mal de los demás: me tocó la peor esposa, el peor trabajo, el peor país, los peores hermanos, la peor iglesia, el peor vecino, y no es así. En estos casos, el problema no está afuera, sino dentro de uno. No busque la contrariedad en las cosas externas, mejor búsquelas en su corazón. Uno es el que define y decide lo que quiere ser. Pero mientras no seamos sinceros y honestos con nosotros mismos, viviremos en la esclavitud de la "culpa" o la mala "suerte". Estas son cadenas que existen y llevan a las personas al fracaso. Busque con prontitud su libertad en Cristo Jesús, él dice: "la verdad los hará libres" (Juan 8:32). ¡Deje de apuntar con su dedo a los demás! Apúntese hacia usted mismo y corra al lugar indicado, hay expertos orientados por Dios que lo pueden ayudar a direccionar su vida.

La persona que no tiene paz en su corazón, difícilmente prospera, porque allí no está Dios, y no va a ser feliz con la mujer que se case, así busque la primera, la segunda, la tercera y las que sean...El que no es feliz en su país tampoco lo será en el extranjero. Nunca estará conforme con nada. Si usted no cambia seguirá cometiendo errores, irá de fracaso en fracaso y lo peor es que siempre buscará las contrariedades en el que está a su lado. La realidad es que el problema está en usted y no en la otra persona.

La paz no la determina cambiar de vecinos o de andar de iglesia en iglesia, sino en renovar la mente para actuar con sabiduría "salomónica", sin dejar de lado la constante búsqueda del amor de Dios.

_ Identifique “su problema” renuncie a él, déjelo atrás. Es una decisión que debe tomar usted de manera firme, hágalo con humildad y sinceridad y vivirá a plenitud, en donde esté y con quien esté.

Transforma tu corazón para que te ames y ames a los demás. ¡Confía en Dios y él te bendecirá!

*Antes de apuntar a otros con el dedo, primero apunta con el dedo hacia ti*

Casting para el miss Venezuela

A los desubicados

Vamos a suponer que yo quiera participar en el evento de belleza femenino más importante de Venezuela. Y tome la decisión de enfrentar a más de veintidós mujeres de todos los estados del país. Lo primero que debo desafiar es un casting para ser seleccionada como candidata oficial, para éste certamen de belleza.

Ya estoy decidida, para presentarme en la quinta miss Venezuela; pero antes necesito realizar una dieta para rebajar veinte kilos que están alojados en la parte alta y baja de mi abdomen. La dieta debe ser rigurosa y estará basada en vegetales, pescados, pollo a la plancha, pan integral, y muchas frutas. Aunado a esto, haré los ejercicios correspondientes que tonificará algunas zonas de mi cuerpo. La disciplina será muy importante para lograr el objetivo. En la mañana y en la noche, asistiré a un gimnasio y me someteré a fuertes entrenamientos.

Por otra parte, estoy en busca de un patrocinador que sea un empresario famoso. Lo voy a requerir para que mueva toda la maquinaria publicitaria, y traslade al lugar del evento a mis familiares y amigos de mi pueblo natal. Con ellos se organizará la mejor barra, y así todos se darán cuenta que soy una de las candidatas favoritas del certamen.

Los concursos del miss Venezuela, requieren orden y disciplina; es por ello, que mi diseñador y maquillador ya los he seleccionado; se trata de profesionales con experiencia en concursos de belleza, nacional e internacional.

Después de un mes de fuertes entrenamientos, llega el día del casting, hacen acto de presencia a la quinta miss Venezuela, todas las participantes; la mayoría de ellas elegantes, con medidas, 90-60-90 y con más de 1 metro 70 centímetros de estatura; _ yo estaba en ese grupo_. A pesar que mis medidas eran diferentes, me sentía tan elegante como todas las demás; mi 1metro 50 centímetros de estatura, era suficiente para pasar directamente a la quinta.

Desde que llegué a aquel lugar; el jurado seleccionador, incluyendo a Osmel Sousa, me miraba de forma extraña. Por mi mente se paseaban mensajes alentadores: ¡yo pienso que ya estoy seleccionada!, ya me visualizo la banda colocada en mi pecho y voy a representar al Estado Guárico en el próximo evento del miss Venezuela.

Listos los preparativos para la salida inicial. El primer desfile fue en traje de baño contentivo de dos piezas. Yo me creía merecedora de la banda del mejor cuerpo, pero las cosas no resultaron como yo pensaba _ ¡no entiendo porque no me la dieron! _ Yo estaba inquietada y me visionaba en la cabeza, la corona de la mujer más bella del país y con ella, la lluvia de regalos que llegarían a mis manos por el triunfo obtenido: un carro cero kilómetros, un contrato en televisión, viajes para recorrer el mundo, póliza HCM de cobertura ilimitada, seguro de vida, contratos para realizar campañas publicitarias, un cirujano plástico personal por si decido hacerme un diminuto retoque en mi cuerpo, aunque creo que no es necesario.

La segunda salida fue en traje de gala; para esta ocasión desfilé con un vestido rojo, un poco holgado, para cubrir ciertas imperfecciones abdominales, que estaban en proceso de ser tonificados. Me sentí cómoda y segura en la pasarela, mi actitud demostraba no tener competencia.

El jurado hacía sus respectivas observaciones y yo expectante con el veredicto final. Osmel Sousa era el presidente y estaba acompañado de otros personajes de la vida pública nacional. Esa noche, el jurado calificador se dedicó a comentar en silencio con sus vecinos. ¡Tal vez disertaban con respecto a mi exótica belleza!

Llegó el momento más esperado de la noche; todos atentos al resultado final, mi familia estaba convencida de mi triunfo. La mayor sorpresa, no quedé seleccionada, decisión que no acepté, porque pienso que los jueces se vendieron, a pesar de que uno de ellos era el empresario Ruperto González, oriundo de Santa María de Ipire, y vecino del sector Banco obrero.

Después del evento, reté a Osmel Sousa y le dije que yo participaría en otro casting y le manifesté, que ellos no habían sido justos en la selección de las candidatas, mis alegatos es porque tengo todas las cualidades físicas para representar a cualquier Estado en el certamen del miss Venezuela. El jurado presidido por Osmel Sousa, le pareció válido mis argumentos y me dio otra oportunidad.

A los quince días yo estaba presentando nuevamente, mi segundo casting, con el mismo jurado y Osmel Sousa como presidente. En esta oportunidad, lo único diferente fue el lugar donde se llevó a cabo el evento, el cual se realizó en el hotel Meliá Caracas. Esa majestuosa noche yo lucí un vestido del diseñador Gionni Straccia, que por cierto me cerró un poco forzado, pero al final lo logré. Los tacones medían como quince centímetros. Las emociones no cabían en mi pecho; me dije: ¡Hoy si saldré triunfadora!

Ya eran las 8:00 de la noche; por fin se inicio el casting, en ésta ocasión estaban participando ochenta candidatas, yo era la número treinta.

El primer desfile fue en traje de baño, el presentador oficial era Gilberto Correa. Cuando anuncio mi nombre y las medidas: 100- 110- 150 y una estatura 1 metro 50 centímetros, salí confiada que esa era la noche para triunfar, salté al escenario con paso lento, desafiante y cadencioso. Todas las miradas de la concurrencia se posaron sobre mí.

Al principio oí voces y gritos del público. "¡Tú puedes, adelante!". Mi familia cercana aplaudía. El jurado presidido por Osmel Sousa, reflejaban en el rostro una cara de poca aprobación. _Yo pensé al verlos_, ¡éste jurado está vendido! Continúe desfilando como toda una profesional de la pasarela. Recuerdo que alguien del público violentó la línea de seguridad, se acercó al escenario y me dijo "¡eres ganadora!" Frase que no dudé para creerla.

El concurso continuaba su normal desarrollo, entre los cantantes invitados estaban: Oscar de León, Franco de vita, Olga Tañon y otros artistas de la localidad. La coreografía estaba a cargo de Joaquín Riviera.

Luego me alisté para el desfile en traje de gala, me puse mi espectacular vestido rojo, bordado con perlas doradas y lentejuelas. Los accesorios color dorado, eran de la creación de Titina Penzini y unos tacones con quince centímetros de alto. Confieso que me sentía elegante y sobradamente triunfadora.

Cuando llegó mi turno de salida, no fue fácil porque no podía caminar, los tacones eran difíciles de dominar. Comencé mi desfile como toda una miss de postín, el público y el jurado sonreían en señal de poca aprobación. Mientras tanto yo intentaba avanzar con mayor rapidez. En un momento inesperado di un traspié, perdí el control, me caí y recibí un golpe en la cabeza que quedé profundamente dormida por varios días; a la semana siguiente desperté en Santa Maria de Ipire, mi pueblo natal.

¿Cómo cree usted que me sentí después de éste fracaso, al intentar ganar un casting para ingresar al miss Venezuela?

_ Decepcionada, sin duda alguna.

_Claro, muy decepcionada. ¡Después de tantas expectativas!, fui objeto de burla de todos los asistentes, mis ánimos estaban en su nivel más bajo.

_ Ahora bien, ¿por qué me sentí decepcionada?, ¿sería porque el miss Venezuela no era un concurso acorde para mí? Entonces, ante la experiencia en éste casting rumbo al miss Venezuela, debo concluir que los concursos de belleza y mucho menos el miss Venezuela no son para mí, aunque entrene y tenga expectativas.

Algunas veces, creemos que somos merecedores de algo y tenemos expectativas equivocadas que conlleva a someter el cuerpo y el alma a sacrificios que pueden costar la muerte física y también la espiritual.

_ ¿Tú estás loca?, me decían mis amigas

_ ¿Por qué?

"¡Cómo se te ocurre participar en un casting tan exigente, tú no tienes la estatura adecuada, ni las medidas necesarias para eso! Para ser miss hay que reunir algunos requisitos: entrenamiento físico, estatura apropiada, medidas perfectas, inteligencia y belleza física por supuesto". "Convéncete amiga, autoevalúate objetivamente y verás que esos concursos no son para ti, no lo sigas intentando porque cada día saldrás peor. ¡Razona y ubícate!"

_ En ese instante imaginariamente me paré frente al espejo que está en la quinta miss Venezuela, donde tantas veces me vi con otros anteojos y otras perspectivas. Mi mayor asombro fue, cuando me visualicé con los lentes de la objetividad y por fin entendí que el miss Venezuela no es acorde para mí. Ya me veía diferente, los ojos de la sinceridad proyectaban ante aquel espejo, otros escenarios destinos a un concurso de belleza; pero igual de exitosos.

_A veces cuesta aceptar la realidad, y para llegar a entenderla es necesario pasar por diferentes procesos, donde somos confrontados duramente. La honestidad debe comenzar por autoevaluarnos. Cada uno de nosotros nació para algo. No todas pueden ser miss Venezuela; pero si hay las que nacieron para eso. Dejemos que ellas hagan su trabajo, seguramente les irá bien. No todos nacieron para ser albañil. Aquellos que tienen éste don, harán su trabajo adecuadamente. No todos tenemos los mismos dones y talentos. Identifique el suyo ahora mismo, y defina con paciencia su propósito, para que evite ir de fracaso en fracaso.

No pierda el tiempo, ocupado con las emociones improductivas, ocúpese en lo que Dios tiene para tu vida, deténgase y pídale dirección y él se la dará.

_ Lo que Dios tiene para ti, llega aunque sea con sacrificio y con resultados apacibles y nadie lo podrá impedir.

_No basta querer ser y hacer algo, ese algo también debe estar acorde para ti.

"Todo me es lícito, pero no todo conviene; todo me es lícito, pero no todo edifica". (1 de Corintios 10:23)

Poder y autoridad

Las personas viven en medio de complejas relaciones de poder, que pueden ser entendidas como la manera de imponer en otros, ciertos comportamientos que en algunos casos se llega a vencer grandes resistencias. Por otro lado está la autoridad, que es concebida, como la posibilidad de conseguir obediencia por cierta capacidad intrínseca de la persona o del contenido de lo que propone. La autoridad normalmente requiere coherencia personal y ejemplaridad moral. El poder y la autoridad, son dos elementos determinantes para ejercer un liderazgo exitoso. Es por ello, que en algunos casos podemos observar la falta de una verdadera potestad en los hombres y mujeres que lideran, familia, gobiernos e instituciones.

Cada líder, ya sea de ministerio cristiano, escuelas, liceos, universidades, comunidades o en la misma familia, necesita comprender el valor de vivir bajo autoridad, para poder practicarla. Cuando se ejerce el poder queremos muchas cosas, pero no las conquistamos porque nos falta estar sujetos a la autoridad de Dios. Digo esto, porque Jesús dijo que, si "buscamos el reino de Dios y su justicia, todas las demás cosas vendrán por añadidura". (Mateo 6:33). Aprendamos de Jesús, que tenía autoridad, no buscaba el halago de los demás, ni pretendía quedar bien con nadie. Él lo dijo: "Yo no busco mi gloria". (Juan 8:50). El deseo de ser reconocidos y alabados, en algunos casos, en lugar de añadir nos quita nuestra autoridad.

Los líderes están inevitablemente rodeados de poder. De tal manera, que lo encontramos en cada lugar y donde nos movemos. No podemos deshacernos de ello, en la casa lo tenemos, en el trabajo también, en la escuela, la universidad y aún en la calle, cuando conducimos el carro, vamos en cierta forma empoderados.

Cristo Jesús, habló, actuó y enseñó con poder y autoridad; tanto es así, que cuando le daba orden a los demonios, ellos obedecían. Mateo dijo: "Y Jesús se acercó y les habló diciendo: toda potestad me es dada en el cielo y en la tierra". (Mateo 28:18). En el mundo, y sobre todo en los menos creyentes de Dios, las cosas son diferentes. A menudo las personas buscan desesperadamente tener el poder; incluso se enfrentan en crueles contiendas, en guerras y disputas por obtenerlo, hasta llegar a pensar y decir que: "el fin justifica los medios" y cuando el fin es conseguir el poder; entonces, la mentira, el insulto, la amenaza y el engaño se convierten en herramientas lícitas y aparentemente indispensables para lograr lo deseado.

Muchas personas por el trabajo que practican disponen de una pequeña parcela de poder, entre ellos: policías, médicos, albañiles, supervisores, profesores que ejercen diariamente su cuota de dominio. Sin embargo, eso no quiere decir que sean personas de autoridad.

El poder es un atributo esencial del liderazgo. Los líderes no pueden funcionar efectivamente sin autoridad. El mal uso de ella, es la principal falla y la fuente de la más persistente queja contra los líderes en general.

Hace más de 19 años me congrego en una Iglesia que queda cerca de mi casa, actualmente liderada por dos gobernadores que ejercen el poder y la autoridad; pero guiados por Dios. Me refiero a la pastora Isbelia y el Pastor Howard. Estas personas dan testimonio a diario al ejercer un liderazgo exitoso. Mi congragación, es una Iglesia con una visión sustentada en la Biblia. A través de las escuelas de liderazgo, se empodera a la gente para que ejecuten el poder y la autoridad que Cristo le ha dado a los que le creen. Mateo expresó con respecto a Jesucristo: "Reuniendo a los doce, les dio poder y autoridad sobre todos los demonios y para sanar enfermedades" (Mateo10:1). Esto quiere decir que, así como Jesús llamó a sus discípulos para darles autoridad y poder, así Dios nos ha llamado a los cristianos para que a través de la fe en Él, logren cosas grandes y poderosas en su nombre.

Hace varios años conocí a la directora de una institución educativa, en esa época ella tenía poca experiencia laboral, tampoco conocía el tema gerencial, su liderazgo presentaba características autocráticas. Cuando se dirigía al personal para definir lineamientos y establecer acuerdos en función de la institución, lo hacía con amenazas y ofensas. Aquellos trabajadores: docentes, administrativos y obreros que no eran de su agrado; si por alguna razón objetaban sus propuestas, utilizaba su poder político para sacarlos de cualquier forma de la institución. Ella decía: "¡aquí mando yo!". Esta directora no tenía los méritos académicos necesarios para ejercer el cargo delegado. Los alumnos y representantes no se salvaban de sus ofensas. Esto ocurría cuando se la encontraban en los pasillos y andaba de mal humor. Ella se creía dueña del colegio. El personal y la comunidad educativa en general, no formaban parte de su prioridad.

El instituto a su cargo dejó de ser el liceo modelo, que el pueblo conocía. Ella no aceptaba sugerencias de ningún tipo. Muchos docentes, fueron víctimas de suspensión de sueldos, otros eran amenazados, incluyendo a los que estaban en proceso de jubilación. El respeto dejó de ser un valor socio personal en ésta institución educativa. El deterioro de la planta física y los alrededores, lucían en estado de abandono. Las funciones delegadas al personal eran asignadas mediante amenazas y humillaciones.

En este caso, podemos testificar de una líder, ejerciendo un liderazgo autocrático, basado en el poder, sin autoridad; pero además, no contaba con la preparación para desempeñar un cargo tan importante, desde el punto de vista gerencial.

La autoridad es algo que se tiene que ganar a pulso, y supone un respeto y un reconocimiento por parte de los demás, que ven en nuestras decisiones, ejemplos como muestra de conocimiento. El ejercicio del poder puede ser caprichoso y arbitrario; pero también, puede basarse en la coacción y la intimidación, pero el ejercicio de la autoridad siempre descansa sobre el respeto, la honestidad y la razón.

Esta directora, no tenía conocimiento de la importancia de estar bajo la autoridad de Dios, su irrespeto al personal, era constante y no hacía nada para ganar seguidores, por el contrario, los alejaba más del sentido de pertenencia institucional.

Toda persona que se le ha confiado una responsabilidad gerencial, debe pedir sabiduría a Dios. Él la da en abundancia, pero además añade ciencia a los entendidos.

El poder y la autoridad, son elementos que todo ser humano debe poner en práctica desde cualquier lugar donde le corresponda desenvolverse: familia, sociedad, trabajo, escuela y universidad. El poder sin autoridad, conduce al ejercicio de liderazgos autocráticos y carentes de efectividad. Básicamente, esto se debe al desconocimiento de herramientas gerenciales, para el desempeño de una gestión productiva.

_Usted y yo nacimos para ejercer poder en todo los espacios donde nos toque vivir. La autoridad, es un acto personal y moral y se ejercita con el ejemplo.

_El poder lo ejerce cualquiera; la autoridad se gana; siempre y cuando ponga a Dios en primer lugar.

_ Ejerza el poder con libertad, si quiere autoridad primero sujétese a Dios.

"Una de las cosas más difíciles no es cambiar la sociedad, sino cambiarse a uno mismo".

Nelson Mandela

El ser humano nació para amar

A los que aman de verdad

Amar es un sentimiento profundo que muchas veces significa renunciar a sí mismo para poder ofrendar, y si la ofrenda es grande, mayor es el sacrificio que a su vez trae consigo inmensas satisfacciones.

Todos los seres humanos son dignos de amar y ser amados, así nos constituyo Dios. Es un traje adecuado para establecer lazos de hermandad. Dijo el apóstol Pablo, "Y sobre todas estas cosas vestíos de amor, que es el vínculo perfecto".

El amor de Dios es inmenso, de tal manera que dio a su hijo Jesucristo para que todo aquel que en él cree sea salvo por medio de la fe. ¡Eso es amor!

El ejemplo de Jesús debería ser considerado y puesto en práctica por todos los humanos, porque fuimos creados a su imagen y semejanza. Lo correcto sería que nuestro corazón siempre esté dispuesto a amar y ser amado. Para que esto tenga lugar, el corazón debe estar libre de sentimientos perturbadores.

Las heridas del corazón cargan mucho a las personas; tanto es así, que a veces se sienten vulnerables y por muy fuerte que quieran ser, siempre se ven afectadas por decepciones, frustraciones, enfermedades, enfados y pérdidas de todo tipo.

Para ser libre de esas emociones descalabradas, embotadas y enfermas, hay que trabajar en grande, de adentro hacia afuera. En primer lugar, se debe actuar con sinceridad para escudriñar cada área del alma en el ser humano. Esto ayudará a identificar lo que afecta la paz del corazón y que a su vez perturba la mente. En segundo lugar; la gente ofendida habla desde sus heridas; por ello, es necesario perdonar y arrepentirse de aquellas cosas que uno cree que están bien y resulta que estamos equivocados y lejos de la verdad.

Perdonar y arrepentirse a veces resulta difícil; porque indirectamente nos han enseñado, que se trata de un acto de debilidad._ Resulta que no es cierto_. Para sanar un corazón roto, lo mejor es perdonar y auto perdonarse. Esto permite cambiar el enfoque desatinado, para dar lugar a la liberación del alma. Solo así se podrá corregir pensamientos destructivos e intoxicados. Esta es una tarea de decisión personal, pero trae alivio al corazón.

Nadie merece ser esclavo de tribulaciones espirituales o de circunstancias adversas, como conflictos familiares y la falta de perdón. Eso roba el amor y la capacidad de entrega de una persona; pero además no es lo que Dios demanda y tampoco es lo que a Dios le agradada. Si la gente lo hiere, ponga piel de cocodrilo. ¡Qué fácil es decirlo y qué difícil es ponerlo en práctica! Sacúdete y perdona; comience a caminar y véase como Cristo Jesús lo ve, ¡prosperado y con salud! Juan, refiriendo lo dicho por Jesucristo expreso: "Yo deseo que tú seas prosperado en todas las cosas, y que tengas salud, así como prospera tu alma". (3 Juan 1:2). En la medida que el alma es libre de ataduras espirituales, la prosperidad es evidente en todas las áreas del corazón y las personas pasan a otro nivel de felicidad. El andar diario comienza a ser diferente, todo cambia para bien a nuestro alrededor, el rostro de las personas transformadas luce más joven y hermoso.

Pasar de un estilo de vida a otro, no es tarea fácil. Con la dirección de Dios se puede todo. En este sentido, debe haber una renovación mental, comenzando por entender que todo lo que se hace para Dios debe ser bueno y completo, de lo contrario es igual a que no lo hiciese.

Vamos a suponer que usted desea ayudar a un amigo o conocido, porque ha estado presentando problemas de salud y requiere que le tienda la mano, su labor al respecto debe hacerlo con amor y de corazón y si tiene heridas por sanar, por mucho que usted le ponga ganas, la felicidad al hacerlo jamás será reflejado en su rostro.

Amar es cuestión de autovaloración, con ello hay que reconocer que Dios nos manda en el libro de Mateo capítulo 22, versículo 39. "Amarás a tu prójimo como a ti mismo". Amar es un mandato de Dios, esto quiere decir que si usted no se ama así mismo, tampoco podrá amar al prójimo. Lo correcto es que todos los hijos de Dios obedezcan ésta palabra que el padre nos dejó. No pretendo generalizar; sin embargo, éste tema para ser entendido debemos pedir a Dios que nos de la revelación que necesitamos, porque cuando algo no se entiende correctamente, se puede prestar para confusión. Hasta éste punto, la efectividad de amar, no se debe medir por el gusto o lo que es lícito, sino más bien por lo que edifica, a nosotros y a los demás.

Hace unos meses, me encontré con una ex alumna; _ me saludó amablemente_. Yo le pregunté, ¿Qué estás haciendo Carolina? Ella respondió que estaba estudiando en la Universidad y entre otras cosas, me manifestó que estaba enamorada perdidamente de un señor casado de cuarenta y ocho años, con cuatro hijos y dos nietos. _"¡Ese hombre es el amor de mi vida, voy a luchar por él!"_ Así me dijo.

Yo, un poco sorprendida le pregunté, ¡¿Cómo así?! Su respuesta fue, "Profe, el amor es ciego". En ese momento guardé silencio y me quedé observando su rostro. Ella aparentaba unos veinticinco años, pero en realidad tenía veinte. Esto es un poco contradictorio, porque el amor trae felicidad, te rejuvenece, lo soporta todo, es benigno y no es jactancioso. Después me enteré que esta situación, trajo como consecuencia la inestabilidad, ruptura e incomodidad de ambas familias, y ella se sentía mal por todo lo que estaba ocurriendo.

Sería interesante que éste episodio conduzca a Carolina a la reflexión, tal vez pueda plantearse ciertas preguntas con profunda sinceridad. ¿Este hombre es libre?, ¿es la persona idónea para mí?, ¿causaré daños a terceros?, ¿bendecirá Dios esta relación? Estas y otras interrogantes pudieran surgir antes de tomar decisiones comprometedoras, como lo es establecer una relación matrimonial responsable.

Amar a alguien es cuestión de ir más allá de las emociones desenfrenadas, se trata de madurez en los pensamientos, es desear lo mejor al otro, y sobre todo, hacer lo posible para que él o ella sean felices, y como si fuera poco, cuidar a esa persona, tanto como a ti mismo. ¡Eso es el amor! Las emociones que vienen con ello, son sólo beneficios. El Apóstol Pablo dijo: "Todo me es lícito, mas no todo conviene, todo me es lícito, mas no todo edifica". (1 Corintios 10:23). Esto indica que hay muchas cosas que hacemos que son licitas, pero en realidad no edifican. Por lo tanto, no están guiadas por el amor de Dios, porque lo que viene de él, es bueno, agradable y no añade tristeza.

Carolina tenía una lucha espiritual entre lo ilícito y lo que edifica; eso también genera cargas agotadoras, porque te entregas a algo que no es tuyo, ni es para ti. Este hombre tiene una esposa, no te pertenece, es ajeno, debes salir urgente de ese círculo que te está contaminando y estas dañando tu felicidad y la de otros.

Recuerdo una mañana como cualquier otra, me encontraba yo en una parada, cerca del "Friuli". Luego llegó al lugar un ex alumno liceísta, conversamos como diez minutos, entre otras cosas, me confesó el gran amor que sentía por su hija y su esposa, _ yo le pregunté_, ¿que sientes por tu mamá? "La amo mucho Profe". _Me parece bien que te expreses así de tu familia_. Enseguida se despidió y me pidió que orara por él. Su petición llamó mi atención porque los jóvenes temen a Dios cuando andan en estrecheces.

Antonio que así se llamaba el joven, se montó de copiloto en una moto y desaparecieron del lugar. En horas de la tarde de ese mismo día, un diario de la localidad narraba un acontecimiento donde resultó muerto un conocido empresario, al parecer lo asesinaron por no dejarse extorsionar.

El día siguiente, pude ver en la contraportada de un periódico regional, la foto del autor material del hecho acaecido el día anterior; se trataba de Antonio; quien fué asesinado esa misma noche en un enfrentamiento con los cuerpos de seguridad del Estado. La noticia lo reseñaba como integrante de una peligrosa banda de sicarios que operaba en la ciudad.

La noticia me sorprendió, mi corazón no podía creer que éste joven con todas las posibilidades de crecer como ser humano, haya caído en actos sanguinarios y abominables para Dios. También me pareció incongruente la confesión que me hizo. Cuando uno ama a alguien, hace lo posible para agradarlo, busca la paz de esa persona, es incapaz de hacerle daño a otro. El bienestar de nuestros seres queridos, también es nuestra placidez.

Antonio se fue del planeta inesperadamente, al igual que su víctima, pero dejó un vacío profundo en muchos corazones. Solo Dios los llenará en su tiempo. No sé si Antonio amaba de corazón a su familia, _de labios sí las honraba_, por lo menos en mi presencia lo hizo. Ahora, lo que no estaba claro en éste joven, era la reciprocidad del significado de "amar al prójimo como a ti mismo".

Si algo maravilloso nos ha dado Dios, es esa libertaria forma de pensar, y es usted el que decide como hacerlo. El apóstol Pablo dijo: "En esto pensad, por lo demás, hermanos, todo lo que es verdadero, todo lo honesto, todo lo justo, todo lo puro, todo lo amable, todo lo que es de buen nombre; si hay virtud alguna, si algo digno de alabanza, en esto pensad". (Filipenses 4:8). Amar al otro es el resultado de una decisión de libre reflexión. Para entregarse es necesario amar, para amar hay que hacer las cosas que edifiquen, para edificar hay que pensar en acontecimientos llenos de bendiciones y de buen nombre.

Hace algunas semanas, sostuve una conversación con el Sr. Carlos, un amigo y contemporáneo de edad de mí esposo; mientras dialogábamos, yo observaba que su rostro reflejaba tristeza y depresión. Por varios minutos me habló de lo tanto que él ama a sus hijos y lo orgulloso que está de tenerlos. Sin embargo, me decía que una de las cosas que le hacía sentir incómodo, era no poder ayudarlos económicamente. Esta situación era motivo suficiente para no estar en armonía con él mismo. Su discurso era incongruente; pero yo lo escuchaba atentamente. "Mis hijos me quieren mucho y yo los amo desde lo más profundo de mi alma, y por amor a ellos no quiero seguir viviendo mas en éste mundo, soy una carga, yo no trabajo, no hago nada productivo y estoy viejo, lo mejor es quitarme la vida". Escuchar su absurda disertación, me causó cierta incomodidad, porque se del amor, la honra material y de palabras que sus hijos le profesan. Enseguida, no tardé para replicar sus desatinadas ideas, para ver si reflexionaba. Usted dice que ama a sus hijos y considera que ellos también lo aman, si eso es totalmente cierto, no puedo entender cómo usted sería capaz de causarles un dolor tan grande a sus hijos si llegara a quitarse la vida. El Sr. Carlos guardó silencio, sus ojos le brillaban y algunas lágrimas salieron y se desplazaron libremente por sus mejillas. Respiró profundo y me preguntó "¿por qué me dice eso?" Porque cuando uno ama a una persona no es capaz de hacer algo que le cause dolor y eso es lo que usted le ocasionaría a sus hijos si intenta poner fin a su existencia. Inmediatamente el Sr. Carlos entendió la barbaridad que había expresado minutos antes, y con la mirada al cielo, indicó "¡Dios mío perdóname! Mis hijos son valiosos para mí y quiero verlos felices, nunca haga yo cosa semejante a quitarme la vida.

No había pensado en el sufrimiento que le causaría a mis hijos si yo me hubiese suicidado". Cuando amamos a alguien lo valoramos, lo honramos, lo respetamos y sobre todo lo queremos ver feliz.

Para que haya un cambio en nuestro comportamiento debe haber una transformación de mentalidad, de lo contrario el tiempo sigue avanzando y la persona continúa metida en el mismo círculo vicioso. _Si necesita ayuda no tarde en buscarla_. Cristo es nuestro excelente amigo, él tiene la mejor solución a través de su palabra. "Porque la palabra de Dios es viva y eficaz, y más cortante que toda espada de dos filos; y penetra hasta partir el alma y el espíritu, las coyunturas y los tuétanos, y discierne los pensamientos y las intenciones del corazón". (Hebreos 4:12). Cuando amas anhelas lo mejor, abogas por su prosperidad y la de los suyos.

El ser humano nació para amar, no puede dejar de hacerlo, porque sería exigirle que deje de amar a una parte de sí mismo. El amor se gesta desde el corazón, sin esperar nada a cambio. El amor debe ser comparado con dos águilas en pleno vuelo, van juntas pero lo hacen con libertad. El amor es y siempre será libre, es perdurable e incondicional, nos ayuda a crecer como personas de forma individual, social y colectiva.

Ama de corazón, no de labios ni de oídos, todo lo que das se devuelve, sea malo o sea bueno.

"Sobre toda cosa guardada, guarda tu corazón; porque de él mana la vida". (Proverbios 4:23)

El bullying

Para aquellos que lo practican

Dicen que una de las mejores etapas de la vida, es la de estudiante de Educación Básica. Según Jean Piaget, en ese nivel están las operaciones concretas; la cual comprende un punto importante en el desarrollo del niño, porque se adquieren habilidades y destrezas para la construcción del conocimiento lógico. De tal manera, que se trata de una etapa significativa del ser humano. Por lo tanto, los adultos deben crear ambientes de oportunidad de aprendizaje para que el niño se desarrolle sin perturbaciones y a plenitud.

Recuerdo que mis hermanas y yo estudiamos la Educación Básica en una zona rural cerca del pueblo de Santa María de Ipire. Ahí mis padres tenían una parcela.

La escuela donde aprendimos a leer y escribir era de dos ambientes, había una placita para encuentros y reencuentros de adultos y adolescentes del caserío cercano, un bosque donde jugábamos plácidamente. El patio era grande y había un frondoso árbol de cañafístula que nos brindaba su cálida sombra cuando arreciaba el sol veranero.

La entrada al recinto escolar era majestuosa, _así lo veía yo_, tenía una puerta en el lateral izquierdo tipo "falso" de alambre y estantes de madera como de tres metros de longitud. También, se podía observar un jardín hermoso de bella a las once y coquetas de diferentes colores.

_ Esta escuela significa mucho para mí, porque fue ahí donde yo recibí mis primeras letras. Numerosas anécdotas de mi proceso de aprendizaje quedaron marcadas para siempre en mi memoria. La sección donde yo estudiaba siempre fue única y en el aula funcionaban tres grados, conocido también como: multigrado. El número de estudiantes en total, no superaba los veinte.

_ Mi casa quedaba retirada de la escuela, aún así todos los días caminábamos varios kilómetros para recibir clases. La senda que nos conducía hasta allá, básicamente eran dos rutas, una llamada trocha. Por esta vía la distancia entre la escuela y la casa de mis padres, quedaba relativamente cerca, pero mis hermanas y yo sentíamos inseguridad y temor a la sorpresiva aparición de animales salvajes en el lugar.

_ La otra ruta de acceso, era la carretera principal de granzón. Por esta opción, debíamos caminar un poco más; pero opinábamos que "había mayor seguridad"; aunado a esto, estaba la posibilidad de la aparición repentina de un automóvil en la vía, que fuese conducido por un chofer de buena fe, dispuesto a bendecirnos al darnos la "cola". De ser así, llegábamos rápido al recinto escolar, con el uniforme limpio y bien peinadas; pero si esto no ocurría, éramos víctima de Rafael García y su acelerada camioneta marca Toyota de color marrón, que al pasar a nuestro lado levantaba una nube de polvo que nos dejaba el uniforme de color ocre, el cabello alborotado y pajizo, mientras la piel con el sol se tornaba tostada. Además, éste ciudadano era reconocido por andar a exceso de velocidad. Tampoco le agradaba montar en su carro a estudiantes, ni personas que se encontrara en la carretera. Son experiencias y acontecimientos irrepetibles, que hoy vienen a mi retentiva. Más allá de eso, están las vivencias desagradables y de terror, que nos tocó vivir debido al bullying.

Es de hacer notar, que para esa época éste término no era conocido en las instituciones educativas y mucho menos en el medio rural.

Recuerdo que al llegar a la escuela; nos esperaban un grupo de estudiantes de ambos sexos. Ellos estaban listos para agredir y acosar psicológicamente a aquellos compañeros de clases que consideraban sus víctimas; entre ellos, mis hermanas y yo. Esos hostigamientos nos trajo como consecuencia, afectaciones desde el punto de vista emocional; tales como: rencor, miedo, inseguridad y temor.

Reflexionando con respecto a cada uno de esos episodios, me conmueve saber que los hechos eran propiciados públicamente, bajo la mirada tolerante de algunos padres y representantes; situación que debió ser investigada para establecer los correctivos necesarios; si dentro del propósito estaba la idea de formar ciudadanos de bien.

Estos niños y jóvenes con quien tuve la oportunidad de compartir el aula de clases, nunca estuvieron interesados en su formación académica, lo digo porque nunca los vi realizando actividades pedagógicas; sólo se dedicaban a las prácticas de bullying. Esto ocurría en el recinto escolar durante el recreo, y después de ser despachados por la maestra.

No pretendo generalizar; sin embargo, considero que la intimidación física y psicológica por parte de acosadores en las escuelas, puede ser causada en algunos casos, por la conducta violenta de los padres. Eso crea una actitud agresiva en los hijos. Otros factores que pueden incidir, es la situación socioeconómica en casa, la falta de organización en el hogar y tensiones en el matrimonio.

Con el paso de los años, Cristo Jesús me llevó a entender la problemática y me ayudó a sanar mi corazón y creo que el de mis hermanas también. Lo que si permanece grabado en mi reminiscencia son los nombres y apellidos de los acosadores. Al reflexionar en éste caso, me resulta preocupante saber, que estos jóvenes no recibieron en aquel momento, la ayuda oportuna por parte de los adultos responsables: docentes, padres y representantes.

Hoy día, no tengo mayor información de mis ex compañeros de Educación Básica. Sin embargo; es inquietante saber, que ninguno pudo avanzar en la prosecución de sus estudios. Tal vez la distracción de las prácticas de bullying, impulsadas por situaciones emocionales, sirvió de obstáculos para no enfocarse en su formación académica.

La persona que hace bullying, presenta serios problemas que pueden ser de cualquier índole, los cuales están relacionados, generalmente con el acoso que practican.

A pesar de éste proceso que vivimos mis hermanas y yo, Dios nos ha bendecido al brindarnos la oportunidad como profesionales, de ayudar a otros que les ha tocado enfrentar situaciones similares, entre ellos: niños y jóvenes víctimas de acoso escolar.

Vivir de cerca el maltrato, me permitió inferir y aprender sobre el daño psicológico que una persona le puede ocasionar a los demás sin causa alguna. La única razón, es detener el avance del otro, verlo sufrir y en los peores casos hasta llegar al pánico.

_ En lo particular y como docente he tenido que desafiar y corregir muchos casos de hostigamiento en adolescentes. Uno de estos incidentes que siempre recuerdo, fue cuando un grupo de más o menos seis estudiantes de segundo año de bachillerato, que estaban presentando problemas de asistencia a clases, acosaban y agredían físicamente a un compañero de estudio. Estos jóvenes armados con piedras y amenazas intimidantes le salían al encuentro, después de ser despachado por los profesores.

Yo como coordinadora de seccional conjuntamente con el director del plantel, le hice un seguimiento al caso, a fin de establecer los correctivos pertinentes. Los estudiantes acosadores, fueron sancionados por la autoridad del liceo, bajo el conocimiento y acuerdos establecidos, por sus respectivos padres y representantes.

El bullying debe ser entendido como cualquier forma de maltrato físico y psicológico, promovido entre estudiantes de manera reiterada a lo largo de un tiempo determinado, tanto en el aula como fuera de ella. Es por ello, que todo docente debe estar atento ante cualquier caso de bulling, porque para eso son orientadores e investigadores.

_Años más tarde, me tocó resolver el caso de Joaquín, un estudiante de tercer año de bachillerato, a quien yo coordinaba. Él tenía un compañero de aula de nombre José, que asistía al liceo, pero no entraba a clases. Su interés no estaba en su formación, sino en agredir verbalmente a Joaquín. Algunas veces, lo esperaba en la cancha a la hora del receso para golpearlo sin razón alguna. _A Joaquín, en muchas ocasiones lo observé nervioso_. Ya no quería ir al liceo, debido a las constantes amenazas y agresiones recibidas por su compañero, que de manera injusta se había dedicado a perturbar su paz.

-Por otro lado, la mamá se mostraba muy preocupada por lo que estaba ocurriendo con su hijo.

Un día, José agredió físicamente a Joaquín; el hecho causó un detonante para que yo tomara la decisión de enfrentar al joven acosador. En ese momento, le hice ver el delito en que estaba incurriendo, y las posibles consecuencias que podía acarrear a su vida. José escuchó mis palabras con mucha atención, a tal punto que se desentendió de las persecuciones a su compañero y por ultimo tomó la mala decisión de no asistir más a la institución. A partir ese momento; la tranquilidad de Joaquín paso a otro nivel, su rosto reflejaba felicidad.

La mamá de José alegaba que no podía controlar a su hijo, porque ya estaba consumiendo drogas con amigos y vecinos.

Después de dos años, recibí la desagradable noticia que a José lo habían asesinado los cuerpos de seguridad del Estado Guárico, cuando intentaba secuestrar a una familia para robarlos.

Los docentes son personas importantes en las instituciones educativas; por lo tanto, deben estar atentos al comportamiento de los estudiantes. En caso de evidenciar situaciones irregulares identificadas con el maltrato físico o psicológico, es necesario enfrentarlos legalmente con contundencia y firmeza.

_Otra situación controversial que siempre recuerdo, fue el que vivió un estudiante de nombre Cristóbal, debido a su tono de voz era fustigado sexualmente y sometido a burla por parte de sus compañeros. Este joven era atacado, cuando salía del aula de clases, entre otras cosas, intentaban quitarle la ropa y le hacían ver a los espectadores que se trataba de un chico gay. _Cosa que no era cierto._ el joven se sentía avergonzado, intimidado y triste. ¡Algunas veces llegó a pensar que era gay, sin serlo! En esta ocasión, los hechos ocurridos despertaron mi curiosidad. Luego tomé la decisión de hacerle un seguimiento al asunto, a fin de buscar las estrategias correctas para lograr su pronta solución.

Un día, entre al salón como de costumbre, pero en esa oportunidad no fue para traerles una información de rutina, sino para conversar aspectos relacionados con la cotidianidad: costumbres del hogar, atracciones del sexo opuesto, respeto al otro, familiaridad, amor al prójimo y manifestaciones relacionados con problemas emocionales.

Esa mañana, descubrí que no todos los jóvenes participaban directamente en el acoso a Cristóbal. Lo que estaba aconteciendo, es que la mayoría de sus compañeros, lo veía como un espectáculo, para reír y divertirse. Esperé el momento adecuado para confrontar a los involucrados directos, sin dejar de lado a los indirectos. Era propicia la ocasión para hablar del acoso físico y psicológico con sus respectivas consecuencias. También les hice saber que se trata de un delito y como tal tiene sus adecuadas sanciones.

Desde ese mismo instante, me comprometí con Cristóbal a solidarizarme con él y le manifesté en presencia de sus compañeros, que yo iría hasta las últimas instancias hasta resolver el caso. Posteriormente convoqué a una reunión en la seccional, a los estudiantes protagonistas directos del acoso, y sus representantes, para establecer acuerdos a fin de buscar solucion con respecto a lo que venía sucediendo. Como resultado de éste encuentro se logró corregir la problemática. Luego pude ver a Cristóbal feliz y mucho más seguro, y los acosadores mejoraron su actitud, así como también su rendimiento académico.

Enfrente con firmeza el bullyng, ayude a los acosadores a salir del mal que los hunde. Tal vez se trata de personas que a pesar de tener corta edad, sus corazones están vacios y endurecidos; es por ello que reflejan los inconvenientes atacando a sus víctimas.

_No importa la posición o nivel donde usted se encuentre, conviértase en un embajador del respeto a la vida y a las diferencias de cada ser humano.

_Ayude a víctimas y victimarios de acoso a encontrar su identidad en Cristo Jesús; sin duda, esto les permitirá entender cuan valiosos son para Dios.

¡No más bullyng!

Las cosas hay que pedirlas

A mi sobrino Eliezer

Un día, escuché a un chino dictar una conferencia que en lo particular llamó mi atención. Él se refería al respeto que todo ciudadano debe tener a las cosas ajenas. Además sostenía que los valores humanos tienen que ver con un conjunto de principios morales que básicamente, deben ser fomentados en el hogar, la escuela y la sociedad.

Cuando mi sobrino Eliezer tenía tres años, su mamá le compró una hermosa lonchera para llevar la merienda al preescolar. Era Transparente, tenía forma de cajita y la tapa de color azul, con cierre a presión. A pesar de ser pequeña era espaciosa.

Recuerdo que en unas vacaciones del mes de agosto, fui a pasar varios días con mi mamá. En ese tiempo, yo tenía fijadas atracciones por confeccionar bisutería y necesitaba algo práctico, cómodo y seguro para meter las herramientas y el material de trabajo.

De pronto vi encima de la mesa, una cajita que resultó ser la lonchera de mi sobrino Eliezer y pensé: la caja perfecta para colocar el material que voy a utilizar y sin razonar mucho, me apropié de ella sin que el propietario me la facilitara.

Mi sobrino Eliezer, sabía que esa era su lonchera. La había dejado de usar, porque ya estaba en primer grado y allí no se admitía lonchera, en su lugar llevaba un bolso. Sin embargo, la lonchera seguía siendo de su pertenencia. Él no había olvidado ese detalle, porque los niños son así, ¡detallistas!

_La que si obvió al dueño de la lonchera fui yo. Cuando la vi, rápidamente pensé, esta es la cajita; justo la que yo necesito para meter mis herramientas de trabajo. ¡Nunca imaginé que podía encontrar una mejor!

_Mi sobrino llegó contento de jugar en el parque y se dirigió al lugar donde yo estaba y me vio muy cómoda usando la lonchera, se quedó observando, pensativo y extrañado por un instante. Su mirada reflejaba inocencia y me preguntó: "¿tía, de quién es esa lonchera?" Es la que tú usabas cuando ibas al preescolar, le respondí. "¿Y quién te la dio?". Yo la agarré, pero sé que es tuya. El no tardó en decirme. "¡Tía por qué la agarraste, me la debiste pedir y yo te la hubiese entregado, porque esa lonchera sigue siendo mía!" En ese momento, sentí en mi cuerpo una sensación extraña que no puedo describir, ¡qué vergüenza! no pude hacer mayor cosa para defenderme, sólo me quedó enmendar el error y traté de acomodar la falta. Le expresé un poco intimidada: si es verdad, tienes razón, te la debí pedir, ya la desocupo y la colocaré donde estaba.

_Eliezer me miró con cara de ingenuidad y nobleza al mismo tiempo y me explicó: "no tía, no me la entregues, agárrala, te la regalo, ¿verdad que es bonita?, yo se que tú la necesitas, te la puedes llevar para tu casa, mete todas tus cosas allí". Su expresión fue tan natural y espontanea, propio de un niño formado con valores.

_Mi sobrino a esa edad, sabía que lo ajeno se respeta, por eso actuó así, el no lo hizo por egoísta. Los principios lo llevaron, no a defender su propiedad, sino más bien, a cumplir lo que se le había enseñado: que las cosas hay que pedirlas al dueño.

Esta experiencia siempre la recuerdo y quedó marcada en mi memoria como un gran aprendizaje. _A cualquier persona le puede suceder_. Lo importante es estar alerta, para no cometer errores similares.

Nunca olvide que:

_Todo regalo y lo que usted se gana trabajando, es de su propiedad. De lo contrario, no le pertenece.

_Enseñe a sus hijos, alumnos y amigos, que las cosas que usted se encuentra, tienen dueño, pregunte por el propietario, porque si no es suyo, es de alguien.

_No tome las pertenencias de sus padres, ni de sus hijos y sobrinos, sin el debido consentimiento, porque eso es considerado como hurto. Si lo hace, no lo bendecirá Dios.

_Defienda su propiedad y respete lo ajeno. ¡Si lo necesita, pídalo!

Los valores socio personales, es urgente fomentarlos desde el lugar que nos corresponda hacer vida social: escuela, hogar y comunidad. Esta tarea, es obligatoria en los adultos, para que la población en formación crezca con los principios éticos.

_Mi sobrino desde pequeño siempre fue respetuoso y sociable. Actualmente tiene quince años de edad y siegue siendo un joven noble, respetuoso y reverente. Eso sí, menos hablador que antes.

_Invierta el tiempo en fomentar valores. Ellos son los que hacen a un país, ser de calidad.

Las cosas tienen dueño, si no es suyo, le pertenece a alguien.

Las añadiduras y el amor de Dios

Para los confundidos

"Buscad primeramente el Reino de Dios y su justicia y todas las demás cosas os serán añadidas". (Mateo 6:33). En el sistema de Dios las añadiduras representan bendiciones y su base es espiritual. Cuando vienen solas sin buscar primero el Reino de Dios, no bastan para que el ser humano sea del todo feliz. En otras palabras, para disfrutar los bienes a plenitud, resulta conveniente establecer una alianza entre lo espiritual y lo material.

El dinero, es una añadidura importante para obtener los bienes que se necesitan para complementar la felicidad, mientras vivimos en el mundo; pero en sí mismo no simboliza la paz. Nunca he oído a alguien decir, vengo de comprar con oro y plata, amor y paz. Por el contrario, si no es bien canalizado puede ser el principio del mal o de tropiezos para lograr el bienestar. El Apóstol Pablo dijo: "Porque la raíz de todos los males es el amor al dinero." (1Timoteo 6:10). El dinero es necesario en éste mundo; aun así, no debe ser una razón válida para perseguirlo con amor desenfrenado.

Hay dos cosas que yo escuchaba cuando era niña: "los ricos están completos, y los pobres tienen la gracia de Dios". Hoy he entendido que las dos cosas no son del todo ciertas. Los ricos son felices si tienen a Dios en su corazón y de primero en todas las cosas. Los pobres que aman a Dios y le creen, son felices porque él les pone gracia y favor en sus vidas. La referencia de la paz se llama Cristo Jesús. Usted puede tener paz con dinero; pero no a través del dinero. _La paz propicia el pleno disfrute de las añadiduras.

El que quiera paz y amor, no los busque por las riquezas materiales, porque no es su procedencia verdadera. Tanto es así, que se han visto casos de personajes famosos y exitosos, con muchos bienes materiales que han terminado suicidándose. Lo que quiero decir con esto, es que ni el dinero, ni lo material son elementos para llenar plenamente al ser humano. El que quiera ser feliz que lo sea, para ello, busque a Dios de corazón. El que quiera dinero que trabaje para que coma y tenga bienes materiales. "Si alguno no quiere trabajar, tampoco coma." (2 Tesalonicenses 3:10). El trabajo edifica. El amor de Dios conjuntamente con sus añadiduras permite el regocijo y una vida en paz.

Recuerdo a un matrimonio, que tenía mucha fortuna, carros de lujo, jugosas propiedades y cuentas bancarias en dólares. Sin embargo no creían en Dios. _Eran ateos_. El hombre siempre vivía amargado, las peleas matrimoniales eran constantes, los hijos estaban enguerrillados, tampoco honraban a nadie con sus bienes. A pesar de sus riquezas y estatus social, no vivían a plenitud, les hacía falta la fuente de paz verdadera. Tal vez, ellos no entendían esa parte. Materialmente lo tenían todo, por ello, Dios no era necesario en sus vidas. Esta familia necesitaba conocimiento celestial, para conducirse en el amor y así disfrutar plenamente lo que Dios les había dado.

También se de familiares y amigos, que tienen en sus hogares mobiliarios lujosos y nunca los utilizan para compartir en familia. Estos bienes, son añadiduras que podrían ser usados como punto de encuentro diario para socializarse. Estoy convencida que sería una oportunidad importante que desde los muebles del hogar, los padres puedan establecer diálogos fraternos, por ejemplo, que al llegar los hijos de la escuela surjan preguntas de la cotidianidad, tales como: ¿hijo cómo te fue hoy en la escuela? y el hijo confiese. Papi hoy discutí con mi amigo Orlando.

_ ¿A qué se debió esa discusión hijo?

Por cosas tontas papá.

_ya sabes que no puedes contender con nadie, entre amigos no se discute.

Papi, un muchacho en la escuela me dio esto para leerlo.

_ ¿Qué te dio?, enséñamelo.

Una revista para conocer el juego de futbol, aquí aparece como dominar el paso que yo quiero aprender.

_Qué bueno hijo, los amigos comparten cosas que edifican.

No hay experiencia más hermosa que ver una buena relación familiar, donde el amor sea el epicentro de la felicidad.

Cabe destacar, que el afecto se fomenta en el hogar, desde los puntos de encuentro y en espacios estratégicos, creados para facilitar el proceso de aprendizaje de los hijos.

Los colegios están para instruir y la familia para educar en valores, no al contrario como algunos piensan. Parece que a la familia se le ha olvidado que su papel es educar desde hogar. _Al menos cuando yo estudiaba era así_; pero en los últimos años he observado que en la mayoría de los colegios, ni se instruye correctamente, y en la casa tampoco se fomentan los valores. La mayoría del tiempo lo desperdicia lanzándose las culpas, sin pensar en las consecuencias que eso genera. En otras palabras, la educación en valores se recibe en el hogar y la instrucción en los ambientes del colegio y ambas forman el ser. Es por eso que, puede haber gente instruida y disciplinada, pero no educada. También pueden existir personas educadas pero no instruidas.

Conozco una pareja que compró un juego de comedor bello, de madera fina con vidrios incrustados. No lo usan, lo tienen de adorno; lo utilizan cuando un amigo o la familia los visita. De no ser así, nunca se reúnen en torno a la mesa para compartir anécdotas, experiencias y mucho menos un desayuno, un almuerzo, una cena. Comen cada quien por su lado, menos en el lugar indicado.

Un día pase por su casa y con orgullo me mostraron el lujoso comedor.

_ ¿Por qué no usan el juego de comedor?

_ "¡Es que se deteriora!"_. Me contestó el dueño del hogar.

_Ante su respuesta guardé silencio, respiré profundo y comente en silencio.

_Los bienes que tienes, te los añadió Dios para disfrutarlos en compañía de familiares y si es posible con amigos. No para exhibirlo y se los acabe el polvo o lo agarre un comején y lo devore sin contemplación alguna. _ ¡Si, entiendo que son tuyos!_ pero también es maravilloso compartir y disfrutar juntos en armonía, porque ahí esta Dios bendiciendo y prosperando.

En una ocasión tuve la oportunidad de visitar a una prima hermana; de posición económica, adinerada. Ella vive en Pariaguán Estado Anzoátegui, en compañía de su esposo y sus dos hijos. Recuerdo que me invitó a almorzar, un día que yo andaba de paseo por esa ciudad. Atendí a la invitación, porque creo que la familia siempre es importante para estrechar lazos de afecto y compartir momentos juntos. Nosotros a pesar de la distancia, siempre nos hemos amado y nos tratamos con mucha confianza.

Antes del almuerzo me di cuenta que en el armario del comedor había una vajilla preciosa con bordes de hilo de oro y unos cubiertos de plata. Los vasos también tenían los bordes con hilo dorado. Creí que íbamos a utilizarlos, pero resulta que no fue así. Mi prima nos sirvió el almuerzo en platos de melamine y vasos de plástico resistente.

Después del almuerzo, conversamos un buen rato y aproveché la ocasión, basándome en la confianza que le tengo, y le pregunté ¿Por qué no serviste el almuerzo en esos platos que tienes en el armario?

_"No, eso es para cuando tengamos invitados especiales".

Me pregunté en silencio, ¿será que yo no soy invitada especial? Me imagino que se refería a personas de su mismo estatus económico. De lo que si estoy segura, es que mi prima me ama a pesar de estar atrapada en sus confusiones mentales, y me conmueve saber, que si ella no cambia de idea, es probable que se despida de esta tierra, sin haber usado y disfrutado de su hermosa y lujosa vajilla. Son bienes que Dios te da, por lo tanto debes disfrutarlos y compartirlos en familia mientras vivas en éste plano terrenal; si no lo haces ahora, después que mueras, otro que jamás sabe cuánto te costó, lo disfrutará sin recelos.

Cuando no hay amor en el corazón, las cosas no se disfrutan, ni se comparten, solo se tienen como señal de apariencia para satisfacer el ego.

¡Llénate del amor y disfruta de las cosas que Dios te provee! Es una bendición disponer el corazón para compartir las añadiduras materiales que llegan a nuestras manos.

Yo viví durante 8 años casa de una Señora de nombre María, a quien amé profundamente, ella murió de un infarto al miocardio. La Sra. María, tenía varios hijos y muchos amigos, quienes permanentemente le concebían regalos, tales como: utensilios de cocina, vajillas, ollas, telas, sabanas, entre otras cosas. Su habitación estaba repleta de todos los obsequios que le hacían para su cumpleaños y el día de las madres.

Un día, le dije, ¿Por qué usted no saca algunas cosas para que las use? y ella me expuso: "porque se dañan, es mejor cuidar lo que a uno le regalan".

A los ocho días de haber muerto, los hijos de la Sra. María decidieron distribuir los objetos, entre quienes le habían hecho las ofrendas. _Añadiduras que ella nunca disfrutó_. Comía en el peor plato, tomaba café en una tapa de termo y el agua la servía en un vaso elaborado de una botella desechable. Analizando yo, situaciones como ésta, vale la pena citar al escritor estadounidense, John Green, quien manifiesta en su libro, Buscando A Alaska. "Las personas fueron creadas para ser amadas, y las cosas fueron creadas para ser usadas.la razón por la que el mundo está en caos es porque las cosas están siendo amadas y las personas están siendo usadas".

Los regalos que nos entregan, son honra; regocíjate y comparte antes de irte a la eternidad, _lo terrenal se disfruta aquí_. En el cielo Dios tiene un paraíso celestial para todos sus hijos.

- Dios es amor, vive a plenitud, disfruta y comparte con tus semejantes las bendiciones materiales que El te provee; para ello, busque primero el Reino de Dios y tendrá la paz necesaria para obtener todas las añadiduras, fiscas, espirituales y materiales que Dios le promete a los que le aman. Eso vale más que todas las riquezas materiales del mundo.

Dijo Juan refiriéndose a Jesucristo, "La paz os dejo, mi paz os doy; yo no os la doy como el mundo la da..." (Juan 14:27). El autor de la paz se llama Cristo Jesús. El ser humano necesita ser direccionado por El, es el único gobierno que es capaz de producir paz y prosperidad para siempre y con El llega todas las provisiones que se requieren para vivir en este mundo terrenal.

¡Disfruta en paz las añadiduras que Dios te da!

Brillaba con luz propia

Al profesor Waldemar

Cuando ingresé al liceo para cursar mi bachillerato; ahí recibí clases de profesores responsables, destacados y puntuales. Hoy traigo a mi memoria algunos de ellos: el de estilo apacible, el siempre recordado padre José Madrazo, la inmutable Juana Soto, el sonriente y divertido Manuel Salcedo, el elegante y formal Alexis Vásquez, el dinámico profesor de física, José Verde, el perspicaz Matemático José Luis Yánez, el creativo Waldemar Hernández, la compasiva Profesora guía, Ligia Jaramillo, el reverente profesor Juan Infante y su esposa, la bella y amable Lourdes Pulido de Infante, el Profe del balón y de las cinco vueltas a la cancha, Luis Navas. Todos mis profesores son dignos de honra; a ellos le debo gran parte de mi formación. Cada uno con su cualidad, vale la pena darles el mérito que corresponde por su loable desempeño.

. En mi época de liceísta; la enseñanza en Venezuela era una auténtica aventura, orientada a fijar conocimientos. El diseño curricular estaba inspirado en el aprendizaje y evaluaciones memorísticas. Los profesores dictaban sus clases de forma catedrática, guiados por los lineamientos que indicaba el programa emanado del Ministerio de Educación. Los estudiantes investigaban las actividades asignadas, para luego memorizar esos contenidos. Posteriormente éramos evaluados con pruebas cortas, de lapso, pruebas finales, y los sorpresivos quiz. En términos generales prevalecía la calidad en la formación del estudiante, y los docentes estaban alineados a la altura de las exigencias de una ley de educación que fue promulgada para ser cumplida.

_Con el transcurrir de los años, llega la adultez y con ella la meditación y valoración de los diferentes hechos que han marcado nuestras vidas; sobre todo cuando conocemos el perfil de una profesión; en éste caso la docencia.

Reflexionar acerca del ejercicio laboral de mis discípulos, es una tarea apasionante, porque a todos los recuerdo con gran afecto. En esta ocasión, me voy referir a Waldemar Hernández, mí profesor de Biología. Era un docente de vanguardia, manejaba herramientas teóricas, prácticas y didácticas de carácter innovadoras, sus estrategias le ayudaban a fortalecer su labor. Con su buen sentido del humor y dinamismo, se acercaba a los alumnos. Recuerdo que elaborábamos proyectos de trabajo en equipo, sobre lo que queríamos hacer en el lugar previamente seleccionado. El nos orientaba con paciencia y de forma amena. Después, salíamos al campo, para realizar los jardines o huertos ornamentales en diferentes lugares del pueblo: el sector banco obrero, la cruz verde, polo norte, sector la avanzada y mata negra, por mencionar algunos sitios. ¡Aprender haciendo! Al momento de presentar las evaluaciones ya dominábamos el contenido, porque a través de la práctica y las vivencias, nos familiarizábamos con el tema.

_El profesor Waldemar; era indiscutiblemente, un docente transformador, brillaba con luz propia, amablemente hacía valer su autoridad, se destacaba con sus habilidades pedagógicas y sabía llegar a cada estudiante; tomando en cuenta sus necesidades. Como decía el periodista y escritor Uruguayo, Eduardo Galeano "Cada persona brilla con luz propia, entre todas las demás. No hay dos fuegos iguales. Hay fuegos grandes y fuegos chicos y fuegos de todos los colores". Cada persona tiene su propio brillo, su color, su altura y su nivel de profundidad de palabra, que los distingue de los demás. Dios nos hizo semejantes, pero diferentes uno del otro.

Después de treinta años, el proceso pedagógico y la dinámica educativa, ha sufrido cambios vertiginosos. El nuevo diseño curricular contempla una didáctica similar a la implementada en aquel tiempo por el profesor Waldemar Hernández.

Cada vez que refiero a mi bachillerato; siempre está presente en mis reflexiones éste insigne profesor de Biología, _es inevitable no recordarlo_, para mí fue un espejo claro y perdurable en el que debemos mirarnos todos cuanto tenemos el privilegio de ser docentes. El dejó en mí una huella imborrable para la eternidad; su influencia fue significativa; pero

Además sirvió de inspiración para la toma de decisiones, cuando elegí ser profesional de la docencia. Así quiero expresarme como alumna suya, como su discípula, porque en lo personal y en otros escenarios desconozco su real desempeño y por honra a nuestros formadores, el respeto debe marcar la pauta. Son valores que debemos fomentar como docentes que somos. Lo que no debemos olvidar los seres humanos, es que ni uno es perfecto; solo Dios, por tal razón es que nadie está llamado a juzgar a nuestros semejantes, al menos que sea para edificar.

El profesor Waldemar no nació en Santa María de Ipire, donde yo cursé mi bachillerato, era oriundo de Maracay, Estado Aragua. Con el pasar de los años he querido verlo para decirle lo tan agradecida que estoy con Dios por haber contado con un profesor de vanguardia en la llamada "escuela tradicional".

Una anécdota peculiar que subyace en mi retentiva, es que el profesor Waldemar agarraba las serpientes, jugaba con ellas y se las enrollaba en el brazo o el cuello. Los estudiantes que mostraban miedo a las culebras, los exhortaba a agarrarlas. _En algunos casos también logró el objetivo.

Dentro de las características físicas más resaltantes de éste profesor, puedo aseverar que medía aproximadamente 1metro 90 centímetros de estatura, muy delgado, regio, de paso largo y firme, perfilado y de bigotes poblados, siempre vestía con pantalones de "blue Jeans", con camisas manga larga metidas por el pantalón que le permitía exhibir y lucir un cinturón de cuero con hebilla grande, y sus respectivas botas vaqueras marca "loblan". Así recuerdo a este ilustre docente. Como ser humano, no era perfecto; pero si demostró ser diferente en medio de las adversidades.

Gracias mi profe por tus instrucciones, tu paciencia, tu comprensión, respeto y cariño, no solamente conmigo, sino con todos los que tuvimos el privilegio de ser tus alumnos.

Los dones que da Dios; son regalos que siempre van a estar presente en cada persona. Los maestros por ejemplo, que Dios ha bendecido con ésta dádiva, son aquellos que se destacan y brillan con luz propia, no necesitan empuje, ellos se conducen solos; eso no quiere decir, que no acatan la planificación establecida por el Ministerio de Educación; por el contrario, la cumplen y la adaptan a las necesidades e intereses de los estudiantes. _ ¡Son maestros de verdad!_ Jesucristo dijo, cuando los discípulos se le acercaron y lo llamaron maestro, "vosotros me llamáis maestro, decid bien porque lo soy". (Juan 13:13). Así debe ser la reacción de cualquier docente cuando sus alumnos lo llamen "maestro". No se trata de ser llamado, también debe parecerse. Tal vez, esa sea la razón por el cual algunos docentes están etiquetados de forma positiva o negativa en la vida de cualquier alumno.

_ No importa el tiempo y las barreras que usted tenga que enfrentar, destáquese en lo que hace, póngale corazón, sea creativo, brille con luz propia. El profe Valdemar cumplía con un programa sugerido por el Ministerio de Educación, pero sus estrategias de enseñanza eran novedosas y adaptadas a la sociedad de siglo XXI. Haga las cosas con amor para que lo recuerden de corazón.

Eso es evolucionar en el tiempo

"Servid de buena voluntad, como al Señor y no a los hombres" (Efesios 6:7)

Azabache

A un perro callejero

Un día, muy de mañana llego a mi casa con hambre y cara de asustado, me miraba con cierta desconfianza. Apenas lo vi percibí que se trataba de un animalito inteligente. Era un perro cachorro y querendón, de esos que llaman callejero, que no tiene pedigrí. Si, uno de esos que cuando alguien le da con el pie o se enferma, no tiene a nadie que lo atienda, mucho menos quien lo lleve a una clínica veterinaria.

Estaba lleno de garrapatas, parásito y desnutrido. Era de color negro, con algunas partes de su cuerpo de color ocre. En su cara cerca de los ojos tenía dos manchitas del mismo color, que parecían unos falsos lentes. Es el perro más dinámico, juguetón y zalamero que he conocido, pero también el más glotón, le cuesta saciar completamente el hambre. Los huesos son su delicia.

Desde que llegó a mi casa por primera vez, no dejó de visitarme a diario. El se encontraba en proceso de crecimiento y yo no estaba muy segura en adoptarlo. Cada día, el cachorrito hacia cosas perspicaces y divertidas para ganarse mi cariño.

Una mañana le dije, puedes entrar y salir mientras estés pequeño, va a llegar un día que no podrás salir ni entrar por las rejas del portón, porque estarás un poco más grande. Cuando eso suceda, si te quedas del otro lado no te adopto, y si te quedas de este lado dentro del garaje, permanecerás y vivirás con nosotros y te pondré el nombre de azabache. Así fue como azabache, un buen día, se quedó en mi casa y no pudo seguir viviendo en la calle. Desde ese momento se convirtió en mi mascota. Para algunas personas, azabache es un perro bravo y temible, cosa que no es cierto; se trata de un perro guardián que ha resultado ser extremadamente celoso con sus dueños, y nada más.

Cuando mi familia y amigos me visitan, azabache es el primero que sale a recibirlos y se desvive por hacer halagos moviendo la cola, da vueltas y se eleva hasta colocar las patas sobre ellos. Es cariñoso con todos, pero a veces resulta fastidioso.

Mi perro también, sigue ciertas instrucciones, cuando se le ordena tomar asiento lo hace inmediatamente y luego saluda al que le da la orden. ¡Qué perro tan amoroso!

Cada vez que ve a mi esposo, se emociona y no pierde la oportunidad para poner las patas sucias sobre sus piernas y le mancha la ropa. Algunas veces son tantas sus travesuras babosas que me molesta. Cuando amanece con ganas de correr, comienza a retozar y me ladra en ademán de invitarme a jugar con él, corre y se detiene de repente, para que yo lo siga. Cuando no estoy muy ocupada lo acompaño.

A mí no me agradaban los perros, cuando me refería a ellos decía que no era mi mascota preferida. Sin embargo, Azabache se ganó mi amistad, hasta llegar a sensibilizarme por cualquier perro de la calle que yo vea que está corriendo peligro.

Recuerdo que mi perro cuando estaba más joven, presentaba algunas manifestaciones irregulares al estar dormido; a veces se despertaba, con un escándalo como si alguien lo golpeaba. Hasta llegué a pensar que fue apaleado en la calle cuando era cachorrito. Un día de esos que presentó esa situación, él se me acercó con cara de atemorizado, en busca de protección, y le dije. Aquí te queremos mucho, calma, no temas y le acaricié la cabeza, y nunca más volvió a presentar esa problemática.

No sé a qué raza pertenece, siempre digo que es callejero, lo que sí puedo asegurar, es que, es celoso con mi esposo y conmigo y cuida la casa como si fuera de él.

Las veces que ve el portón abierto sale a toda velocidad, parece que se siente libre por minutos, pero no tarda mucho tiempo en regresar y si no encuentra la puerta abierta, forma un escándalo como si lo vienen persiguiendo.

Azabache es un perro noble, cuando le caen pulgas o garrapatas, se entrega con confianza para que lo curen, no es agresivo, por el contrario deja que le hagan lo que sea y si le molesta o le duele al aplicarle el tratamiento, llora, y resiste el dolor, pero nunca agrede para defenderse.

Cuando salimos de viaje él se queda triste, parece que lo sabe todo, y cuando nos ve de regreso se pone inmensamente feliz y nos abraza las piernas.

No sé si todos los perros callejeros son inteligentes, nobles y celosos con sus amos, pero las veces que he sostenido conversaciones con dueños de perros, sus experiencias son similares a las mías. Ahora entiendo porque algunas personas dedican dinero y tiempo para cuidar y mantener sanos a sus mascotas. Lo que si me cuesta concebir, es la idea del por qué hay personas que maltratan a los animales y otros son capaces de abandonarlos.

Conocí a unos vecinos que tenían un perro de esos que llaman salchicha; convivió con ellos por más de 7 años. Era celoso con sus dueños, cuidaba los carros y la casa mejor que un vigilante privado. Las veces que sus amos salían a hacer cualquier diligencia o sencillamente se iban de paseo, el perro se quedaba triste. El sabía que tenía una casa donde refugiarse, pero también sabía que tenía unos amos a quien serle fiel.

Un buen día, mis vecinos tuvieron que irse a vivir al oriente de país, pero tomaron la decisión de no llevarse al perro; lo dejaron en la calle. Era un perro leal a sus dueños, nunca se fue a vivir a otro hogar, siempre permanecía en la puerta del garaje de la casa. Cuidaba ese espacio como si se lo hubiesen ordenado. Comía por la misericordia de Dios y la bondad de un vecino de buen corazón. La soledad le afectó, al punto que se veía triste y bastante flaco; muchas veces vi cuando era atacado y agredido ferozmente por otros perros callejeros. Además, pude observar a humanos, con ligereza agresiva lanzando puntapié, sobre el organismo de aquel resignado y fiel animal, que tal vez no se había dado cuenta que era víctima del abandono de sus amos. Así sobrevivió por varios meses, hasta que un día apareció muerto en la puerta de la casa donde vivió por muchos años.

Después de un año, mis vecinos regresaron nuevamente a su casa; pero no encontraron al perro salchicha, porque ya había muerto, por falta de alimentación, soledad y tristeza.

Situaciones como éstas a veces me cuesta entenderlas, será porque he aprendido a conocer la nobleza, fidelidad y lealtad de los perros hacia sus amos.

Conozco una familia que alimentaba a una perra callejera que quiso ir a vivir a los alrededores de su casa; allí creció y pudo procrear varios cachorritos.

No estoy segura si en éste hogar se creían amos de la perra. Ella si estaba persuadida que ellos eran sus dueños. Tanto es así, que los cuidaba, les daba cariño a todos en el hogar. Nadie extraño se les podía acercar, porque la perra salía como una fiera a defenderlos.

Una mañana, esta familia olvidó esos detalles y tomaron la mala decisión de botarla, porque la situación económica del momento no les favorecía para seguir alimentándola.

La agarraron y la metieron al carro. Ella feliz porque pensaba que la llevaban de paseo; resulta que no fue así, la intención era abandonarla lejos de la casa para que jamás regrese al lugar donde se acostumbró a vivir desde cachorra.

Al dejarla en aquella zona, la perra corrió y corrió detrás del carro hasta que su velocidad disminuyó y el vehículo se desapareció de su vista.

Quince días después, la sorpresa fue mayor para la familia, cuando vieron a la perra llegar nuevamente a su casa. La alegría de aquel animal era indescriptible, estaba feliz porque se encontró con los amos. Sus patas estaban llagadas de mucho caminar. Ella nunca entendió que ellos la habían abandonado.

La fidelidad era grande con quienes ella consideraba sus dueños. Fue tanto la pena de éste matrimonio que procedió inmediatamente a curar a esta fiel y leal animal, que a pesar de lo ocurrido, los seguía viendo igual. ¡Sus amos!

Una tarde, observé a una joven que iba en una bicicleta por la Avenida Williams Lara. A la par de la velocidad de la bicicleta corría su perro. Cuando un carro o una moto se le acercaban a la joven, eran atacados por aquel animal. La Chica se desplazaba por la vía, sin importarle el riesgo que podía correr su mascota, de ser agredida por un carro de estos que andan a alta velocidad.

El perro después de correr y correr, ya lucia cansado, su carrera fue disminuyendo hasta que ya no pudo más, se quedó solo y abandonado por la dueña en plena avenida. Por un instante parecía desorientado, no sabía para donde buscar, si regresar o avanzar. Por último, decidió regresar a casa. Por el camino le salían al encuentro otros perros para atacarlo y lo agredían sin contemplación alguna. Los atacantes sabían que el semejante animal no era conocido y tampoco frecuentaba en el sector.

La joven dueña del perro, siguió su ruta, mas tarde regreso a su casa y la fiel mascota salió feliz a recibirla a pesar de encontrarse un poco mal herido.

Así son los perros, fieles a sus amos y los defienden, ellos no razonan como los humanos, no son capaz de entender o conocer las malas intenciones de sus amos, no miden el peligro, ante cualquier situación adversa, saben que la casa de sus dueños también es de ellos.

Cuida y valora a tu mascota y así evitamos accidentes en éstos fieles animalitos.

Las veces que abandonas a un perro que ha sido tu mascota, te debe mover la misericordia por un ser vivo, que se sentirá triste a pesar de no saber que le ocurre a su dueño y por qué lo dejó en aquel lugar.

_ Respetar la vida de los animales es un acto de humanidad_

"Mientras el círculo de su compasión no abarque a todos los seres vivos, el hombre no hallará la paz por sí mismo" Albert Schweitzer

Reencuentro en tiempos de pandemia

A la promo 1987

En los últimos años he aprendido en las cosas de Dios, que habitar juntos y en armonía trae bendición. Por algo Dios nos hizo seres sociales, él quiere que nos relacionemos los unos con los otros, y mucho más si se trata de contemporáneos compañeros.

El punto de coexistencia para aquellos que los ha separado la distancia y la pandemia del año 2020; son muchos en las redes sociales, el Wasatch es uno de ellos. Como plataforma comunicacional, es un medio que no importa el trayecto para el reencuentro de amigos y familiares.

Una tarde del mes de mayo y de cuarentena radical, originada por el llamado virus Covid-19, estaba yo revisando mi teléfono y vi en el Wasatch una sorpresiva invitación que me hacían para unirme al grupo de la promoción 1987, de la que dignamente yo formé parte. En otras palabras se trataba del lanzamiento de la convocatoria para el reencuentro virtual y afectuoso del grupo de la promo 87. _En ese instante pensé_, ¿de dónde vendrá esta invitación? ¡Me pareció genial la idea! Cuando comencé a ver los mensajes de mis ex compañeros liceístas, no demoré para interactuar con ellos. Me parecía un deleite saber de la ubicación, sus logros, familia y éxitos de mis contemporáneos.

Después de tres décadas de distanciamiento social, confieso que mi mente no recordaba a algunos de mis ex compañeros de clase; tal vez, esta omisión de deba a cuestión de la edad, que algunas veces pasa por la humanidad dejando marcas imborrables. En éste caso, puede resultar perturbador; mientras que, en otros son necesarios y vitales para la prosecución de la vida misma. La memoria es un músculo que debemos ejercitar permanentemente y cuando no lo hacemos pasan situaciones incómodas; entre ellos, los embarazosos olvidos.

Ese día al recibir el mensaje; me detuve por un instante, para evocar la peculiaridad de la promo87, fueron muchos los recuerdos y añoranzas de aquella época que llegaron a mi memoria, sin duda era un grupo de estudiantes cargados de sueños y propósitos.

En esta ocasión, escucharlos y leer sus mensajes, me obliga a pensar que lo otoñal parece no haber afectado la nobleza de sus almas, aún siguen siendo personas encantadoras y divertidas. ¡Qué simpático es rememorar aquellos tiempos de la adolescencia donde prevalecía el atractivo juvenil de los muchachos liceístas; además, la gracia y la jocosidad ingeniosa, estaban marcadas por sanas intensiones! Son satisfacciones extraordinarias de la vida que permanecen acaudaladas, solo quedan recuerdos que bajo sentimientos de nostalgia lo traigo automáticamente al presente.

En ésta confraterna tertulia liceísta, también han entrado nuestros amados y recordados ilustres: El profesor de Castellano Alexis Vásquez. Cómo no recordar su impecable formalidad, versado en su área, disciplinado, responsable, con su elocuente e infalible discurso, no faltaban palabras orientadoras para sus alumnos. Es un privilegio para este grupo contar con un mentor de la calidad del profesor Alexis.

Además, nos acompaña el profesor de química Juan Infante y su esposa, la destacada profesora de biología, con su serenidad y paz interior era capaz de enfrentar cualquier circunstancia, lucía trajeadamente impecable, siempre amable y sonriente con los alumnos.

En este grupo no podía faltar la orientadora Ligia Jaramillo, con su tono pausado y su dulzura expresiva de rostro; en algunos casos, orientaba a centenares de estudiantes desobedientes y desanimados, y con sus sabias palabras retomaban el camino correcto. Tal vez, nunca imaginó que después de treinta años retomaría su trabajo con la promo 87.

Tres décadas más tarde, quizás nuestros profesores y los integrantes de la promo 87, han experimentado cambios físicos. En este sentido, la virtualidad a veces nos permite captar ciertos detalles relevantes, que los podemos obviar; ahora desde el punto de visa espiritual los percibo igual que antes y temerosos a Dios.

Faltan por incorporarse al grupo muchos docentes de quienes fuimos sus discípulos, sin embargo, es el momento ideal para enaltecer a nuestros profesores: Luis Navas, especialista de Educación física, Cheo Carpio, del área Educación para el trabajo, el profesor de biología, Waldemar Hernández, la profesora Juana Soto, la dulce profesora de geografía Margot Silva, el siempre recordado padre José Madrazo, un cura de inigualable nobleza y de acrisoladas virtudes, hoy se encuentra en lo profundo del silencio eterno; entre otros docenes que también hicieron historia en las aulas de clases en los años 80. Desde mi humilde posición de poco docta, impulsada por la ocurrencia de tomar una pluma en mis manos, me es grato honrarlos, porque fueron y serán siempre transcendentales.

En este grupo de Wasatch creado en tiempos de pandemia mundial, están los laboriosos administradores y colaboradores. Me refiero a los que han participado activamente ubicando a los hermanos bachilleres, para invitarlos a formar parte de la congregación virtual: José Loreto desde Estados Unidos, distantemente lejos pero, lo percibimos cerca de nosotros, pendiente a cada detalle y todo lo que le acontece a los amigos, Marisela y su Son Caribe, con su actitud particular contagia hasta el más apático. Ella es un caudal que desborda amor, pasión, y emprendimiento, Maritza Álvarez, siempre lista para ofrecer alimento espiritual con sus enriquecedoras palabras direccionadas por el Altísimo, José Blanco uno de los activos y consecuentes del grupo, conjuntamente con mi amiga Italia Rengifo, Palmira Amato, Nidia Dasilva, Yngrid Malaspina, Deisy Camejo, Carmita Bastidas, Maritza Rangel, Daniel Chacón, José Manuel Martínez, Miguel Rodríguez, Luis Infante, Oswaldo Enguaima, Héctor Rico, Magaly Ascanio, Magaly Linares, José Padrino, Wilmer Medina, Leónidas, Chalo Guarirapa, Dalia Rangel, Betsy Carrillo, Chela y la Nena García, Sandra Romero, Urcelay Rojas, Hortensia Belisario, Marina Campos, Ana Georgina Belisario y José Luis Pinto; entre otros, que a mi despistada memoria se le ha hecho difícil ubicar sus nombres. También están los ausentes adelantados quienes se encuentran durmiendo en la paz del Señor: mis recordadas amigas Alba y Bianney, ellas dejaron un vacío inescrutable en la promo87.

Cada uno con su estilo, que lo hace único en su clase. En aquel tiempo todos coexistíamos en una armonía solidaria, basada en un compañerismo ejemplar. No había lideres ideando turbias o intrigas con propósitos malintencionados contra el amigo, al menos que yo sepa y si los hubo, no lograron la meta.

Fue una época distinta al presente, incomparable e irrepetible. La promoción del año 87 se destacaba por sus actitudes. Eran jóvenes soñadores, unos extrovertidos y amantes de las serenatas, otros cohibidos, como yo. _Ayer eran los bachilleres_, hoy son los destacados padres y madres de familia, profesionales, cada uno en su área, la cual ejercen con respeto, porque siguen siendo humildes. El ejemplo más evidente, es éste reencuentro fraternal después de tres décadas.

Esta experiencia, es grata y maravillosa para todos los integrantes del grupo _ por lo menos eso entiendo_, cosas como éstas le agradan a Dios, "Mirad cuan bueno y cuan delicioso es, habitar los hermanos juntos y en armonía". (Salmos 133:1). Indiscutiblemente Dios esta direccionando este sorprendente reencuentro.

Hace poco yo le comentaba a una amiga acerca de la creación de éste grupo de Wasatch conformado por promo 87. Ella me decía que no tenía conocimiento de otro igual, tanto es así que me dijo, "amiga creo que sería elegante leer un titular en cualquier medio de comunicación que diga: La promoción de Bachilleres del año 1987, del ciclo combinado Baltazar Padrón, se ha reencontrado virtualmente después de treinta años".

Tal vez, muchos sentirán curiosidad por conocer cuándo, cómo y para qué lo hicieron, o sencillamente cuáles las reacciones del grupo con esta experiencia. Quizás, muchos tendríamos testimonios invaluables para impulsar a otros a alcanzar el éxito o naturalmente por cuestión de afecto se restablecerían lazos de amistad, entre sincrónicos amigos y compañeros de la infancia y la adolescencia.

Debemos valorar y compartir nuestra capacidad de soñar. Los sueños logrados son producto de la combinación de esfuerzo con aspiraciones que algún día se gestaron en nuestra mente y en nuestros corazones.

Para James Allen. *Los máximos logros al principio y por un tiempo son un sueño. El roble duerme en la simiente; el ave aguarda en el huevo y en la visión más elevada del alma, un Argel empieza a despertar. Los sueños son las semillas de las realidades.*

Debemos ser bondadosos con nuestros semejantes, al compartir sueños, experiencias y anécdotas que nos han hecho avanzar y crecer como seres humanos, también es un acto de humildad. _Tal vez puede servir de algo a alguien.

_Esto sería parte de los cambios que tanto necesita éste mundo que cada día se torna más dinámico y exigente. Y en algunos casos carente de humanidad.

_Si, en pueblos y ciudades se fomentara ejemplos de hermandad, en Venezuela habría, una sociedad más humana y con cultura de honra.

¡Seamos agradecidos en todas las cosas! ¡En la unidad hay bendición!

Mi gran amor y pasión

Al Rey de las alturas

Hace varios años asistí a una conferencia relacionada con la autoestima y la creatividad. El conferencista era un profesional docto en el tema de consejería familiar.

En ese tiempo yo manejaba varios conceptos de amor: amor a Dios, amor de hijos hacia los padres y de padres a hijos, amor hacia los amigos y amor de parejas matrimoniales. Según lo que yo entendía, el amor estaba dividido; cosa que no es así. El conferencista, como todo un erudito en la temática del amor, ilustraba con su chanza ingeniosa, evocando algunos cuentos anecdóticos donde se podía observar sin mayor explicación que el amor no tiene diferentes significados, lo que si existe es amor sin pasión y con pasión; éste último está asociado al primer amor.

El primer amor siempre comienza con pasión. Si observamos el amor de padres a hijos, rara vez son sin pasión; es por ello que vemos a los padres dispuestos a amar a los hijos indistintamente de su comportamiento. El amor de parejas también comienza con pasión, pocas veces ocurre lo contrario, y cuando va acompañado del apasionado primer amor, vemos cosas emocionantes. Basta con ir a cualquier lugar de esparcimiento; ahí se puede mirar y diferenciar a las personas con amor y pasión, y las que tienen amor con carencia de pasión; pero además no es extraño ver a humanos que andan desesperados buscando un amor genuino que los lleve a una impulsiva metamorfosis existencial.

En días de flexibilización por cuarentena, debido a la pandemia llamada Covid-19, tuve la oportunidad de ir a uno de estos lugares donde la gente va a distraerse, y me detuve para ver a las personas que transitaban en aquel sitio. Los novios caminaban agarrados de la mano, estaban felices, a tal punto que se aislaban del mundo que les rodeaba, su enfoque aparentemente estaba definido, para ellos todo era hermoso y sin problemas, si algo intentaba perturbarlos, la felicidad de ese momento no daba cabida para enfadarse.

Estoy segura que el siguiente día, éstas parejas no recuerdan nada de lo que pasó a su alrededor. Por ejemplo, si usted le preguntara al novio. ¿No viste a tu mamá en el parque anoche? Ella estuvo sentada por un rato en el banco contiguo al tuyo, cuando hablabas con tu novia. ¿Qué cree usted que respondería? "¿¡En serio!? A decir verdad no la vi". Cuando está presente la llama del primer amor, lo externo parece no tener mucha relevancia por muy significativo que sea. ¡Esto suele ocurrir cuando hay amor con pasión!

Por otro lado, estaban algunas parejas matrimoniales, aparentemente con amor sin pasión, lo digo porque la pasión te lleva al acercamiento, físico y espiritual. Los hombres caminaban distante delante de la esposa o viceversa, cualquier cosa a su alrededor les parecía incomodo e intolerante, la cara de ambos expresaba algo parecido, como si cargaran un limón en la boca; algunos hablaban con un tono gruñón y las mujeres en su mayoría replicaban, según el trato recibido. Otras se sujetaban y guardaban silencio. La coincidencia es que, tal vez había amor en éstas parejas, lo que no prevalecía era la pasión del primer amor. Eso también pasa cuando conocemos a Cristo Jesús, entendemos el significado de su amor inmensurable para toda su creación, y cuanto más para sus hijos que le obedecen y caminan bajos sus estatutos y leyes espirituales. El amor y la pasión en Cristo Jesús, nos lleva a otro nivel de fe, donde lo externo y lo que vemos no determina lo que creemos. "Es, pues, la fe la certeza de lo que se espera, la convicción de lo que no se ve" (Hebreos 11:1)

Dios Aborrece el pecado, pero nos ama con pasión aún siendo pecadores. El siempre quiere bendecirnos con salud, prosperidad y provisiones. Lamentablemente, son los humanos los que dejan de amar a Dios con pasión. "Pero tengo contra ti, que has dejado tu primer amor". (Apocalipsis 2:4). Dios debe ser nuestro primer amor y pasión. Y lo más importante en la vida es, amarlo, servirle, obedecer sus leyes y estatutos, sin importar lo que otros piensen.

Cristo Jesús, es amor, hable con él a diario, sirva a Dios y predique el evangelio y exalte su nombre ¡Él se glorifica en medio de la alabanza!

Estoy convencida que Dios es mi gran amor y pasión, por eso le alabo con éste poema que salió de lo más profundo de mi corazón.

Bajo una noche estrellada, contemplaba yo su rostro.
Lo vi hermoso y en silencio, no lo comparo con otro.
Sus ojos me examinaban, en verdad yo estoy segura;
porque es mi Dios amado, que me mira con ternura.

Reconozco muchas fallas, mi corazón lo murmura.
Y con la mirada al cielo, el perdón no cabe dudas;
porque Dios todo lo sabe, y perdona sin censura;
para dar la libertad sin reproches ni ataduras.

Yo he visto sus maravillas, en momentos de amargura;
porque apenas yo lo llamo, me responde con premura;
por eso quiero vivir con el Rey de la alturas.

Me ha dado la autoridad, en su nombre es que resulta.
Todo sucedió por gracia, y a un llamado sin escusas;
que me hizo Jesucristo en un momento de angustia.

Jesucristo así se llama, el que me ve con ternura
y que escuche todo el mundo, por si tienen varias dudas.
Es mi Dios omnipotente, el que salva, enseña y cura.

Cuando vivimos conectados en su presencia, recibimos paz y tranquilidad espiritual. _La falta de paz es falta de amor.

Ame primero a Dios y alcanzará la plenitud de satisfacciones. Esto le ayudará a entender el significado de vivir en el primer amor.

Nuestro andar diario debe estar en constante revisión. Si la mirada la enfocamos en las cosas bajas y terrenales, así será la pasión en todo lo que nos rodea: familia, trabajo y amigos. Es por eso que vemos matrimonios y familias con amor sin pasión. Si nuestra visión esta puesta en las cosas de arriba, donde mora Cristo Jesús, nada nos desenfoca para distraernos y lo más importante es que estaremos preparados para enfrentar lo que venga con intenciones de apagar la llama del amor, en cualquier área de nuestras vidas.

Viva en integridad y con Dios en su corazón y no permita que las distracciones de los últimos tiempos apaguen la llama de la pasión en las diferentes áreas de tu vida.

¡Dios le ama y con su amor quiere bendecirlo con provisiones físicas y espirituales!

"..... Y de conocer el amor de Cristo, que excede a todo conocimiento para que seáis lleno de toda la plenitud de Dios" Efesios 3:19

¡Gracias a Dios por su gran amor!

Seamos como el águila

A los que anhelan cambios profundos

Cada vez que tengo la prodigiosa oportunidad de leer la biblia, me resulta interesante, saber la forma como Dios se refiere al águila en muchas de sus historias y episodios; pero además, exhorta al hombre a ser como ella. Esto me ha despertado curiosidad como lectora de la palabra de Dios. Es por ello, que cada día quiero ser como águila y me gustaría que otros se animen a conocer las características admirables de ésta majestuosa ave de presa.

El águila es el ave nacional de los Estados Unidos de América. Por muchos siglos las águilas han sido consideradas como símbolos y emblemas de poder, valor, nobleza y excelencia. Ellas se encuentran en casi todos los países del mundo, menos en Nueva Zelanda y en Antártida.

Si leemos con detenimiento la palabra de Dios plasmada en los 66 libros que conforman la biblia, podemos observar que ésta ave presenta todas las características que el hombre creyente de Dios debería poseer. Tal vez sea por eso que, Dios emplea con frecuencia la figura del águila para referirse a sí mismo como el que cuida, provee, preserva y protege a su pueblo.

En el libro de Job 39:27-28, está escrito, "¿se remonta el águila por tu mandamiento, y pone en alto su nido? ella habita y mora en la peña; en la cumbre del peñasco y de la roca". El águila anhela las alturas, esa es su delicia, le gusta vivir y volar alto; por ello construye su nido en lugares cumbres. Por lo tanto, no se refugia en zonas bajas. Recuerdo a un famoso presidente de un país latinoamericano, que al momento de atacar a sus oponentes les decía: "águila no casa moscas". Este presidente se veía en las alturas, ahora lo que no se, si estaba con el Rey de la alturas. _Nadie puede llegar alto en su propia prudencia y mucho menos en su propia gloria_. La palabra sin dirección de Dios no hace el efecto deseado.

El hombre que se identifica con el águila, se aleja de ofertas engañosas que da el mundo y se refugia en Jesucristo en los lugares Celestiales. Su vida espiritual la profundiza elevándose hacia Dios con humildad y amando al prójimo como a sí mismo.

El águila por regla general construye un solo nido, el cual lo cuida, lo defiende y lo renueva, porque allí habrán de nacer sus aguiluchos; además, son monógamas, se aparean para toda la vida. Su nido no lo comparte con otra águila, pero sí colabora con pequeñas aves; tampoco es capaz de robar el nido a otra águila.

El hombre águila debe aprender a respetar a su prójimo, jamás se interpone en asuntos de liderazgos ajenos. Respeta el derecho a la privacidad de otros y se preocupa por construir su propio liderazgo ministerial, en la iglesia y fuera de ella. Se gana con sacrificio su estatus y no es capaz de codiciar el de otros. El creyente en Dios cuida su matrimonio para evitar rupturas conyugales. Su vida espiritual siempre está en progreso y no en retroceso. Es una persona prosperada en todas las cosas.

El hombre águila es un servidor genuino, lo que tiene lo comparte con los demás. Hace su trabajo con amor y pasión sin esperar nada a cambio, sólo la aprobación del Señor Jesucristo.

Las águilas tienen sus propios territorios, donde otras no pueden establecerse; pero sí les permiten cazar sus presas. Ellos respetan los territorios ajenos.

Los líderes águilas conocen las responsabilidades y funciones a cumplir en las congregaciones, según sus posiciones o cargos que desempeñan, para evitar meterse en territorio ajeno, donde otros ya están funcionando o establecidos. Lo correcto es que cada creyente tenga y vele por su propio territorio ministerial; sin estar murmurando para arrebatar lo que Dios le ha dado a otro líder. Tenga presente que el Espíritu Santo da una gracia especial a sus hijos, aunque otros lo imiten, jamás podrán ser exactamente igual, porque Dios da a cada uno su galanura individual y personal.

El creyente que se cree águila debe estar muy atento para cuidar su salvación, porque no está exento de caer. "Así que, el que piensa estar firme mire que no caiga". (1Corintios 10:12). Una persona que cree en Dios, puede caer ante cualquier descuido, lo importante es saber en quien ha creído para cobrar ánimo y levantarse con nuevas fuerzas.

El águila vuela alto; para ello, debe emplear todas sus fuerzas para elevarse. Por tratarse de un ave de gran tamaño, necesita esfuerzo para alcanzar las alturas; por ejemplo, si está sobre una peña da pequeños saltos al vacío, abre sus alas y comienza a volar. Si está en tierra da saltos vate sus alas y se eleva, su peso de casi 6 kilos exige de un gran esfuerzo, pero una vez que ha conquistado las alturas, sabe tomar ventaja de la brisa y deja las alas totalmente extendidas y se planea con ellas. "Pero los que esperan en Jehová tendrá nuevas fuerzas, levantaran alas como las águilas, correrán y no se cansaran, caminaran y no se fatigaran" (Isaías 40:31). El hombre águila, se esfuerza en su vida espiritual. Una vez que ha conseguido conquistar las alturas celestiales, descansa en la brisa de la presencia de Dios. Deja que el viento de la misericordia y de la gracia le ayude a sostenerse para descender en paz.

Si usted es un creyente águila, deje sus alas extendidas, no las continúe moviendo para que no se canse. Espere y desplácese en las cosas de Dios. El Águila sabe cuándo debe dejar de batir sus alas, no abusa de ellas, prefiere moverlas con precisión.

Los abusos y los extremos hacen mucho daño a la vida del ser humano. La doctrina de la gracia de Dios te invita a abrir tus brazos y descansar sobre las promesas de Jesucristo, las cuales fueron logradas en la cruz del calvario; para ello, es necesario tener fe. "Sin fe es imposible agradar a Dios". (Hebreos, 11:6). Todo lo que hacemos para Dios debe hacerse con fe, creyendo que él es poderoso y soberano.

Hay circunstancias que ya no dependen de nosotros, sino de Dios. Tenemos que extender los brazos, dejarlos quietos y sostenernos en la fe y la esperanza. El Dios de las alturas nos sostiene para no dejarnos caer. Dice el salmista, en el Salmos 91:4: "con sus plumas te cubrirá, y debajo de sus alas estarás seguro". Todo el que cree con fe, Dios lo cubrirá y bajo su protección estará seguro.

El águila, cuanto más alto sube más resalta su realeza. ¡Es símbolo de excelencia! "Si pues habéis resucitado con Cristo, buscad las cosas de arriba, donde esta Cristo sentado a la diestra de Dios". (Colosenses 3:1-3). Poned la mirada en las cosas de arriba, no en las cosas superficiales, bajas y degradantes que no edifican. _Eso es excelencia.

El águila es un ave que se cuida mucho, su promedio de longevidad en cautiverio puede ser de hasta 40 años y en libertad puede vivir hasta por 20 años. Su rutina de cuidado comienza a tempranas horas de la mañana. Con el pico se limpia su plumaje, lo acondiciona para las tareas de vuelo y se prepara para la caza del día. Sabe que su funcionamiento y el éxito diario dependerán mucho del cuidado y la atención que le haya dado a su plumaje.

El creyente águila debe hacerse un examen de conciencia espiritual diariamente, y preferiblemente en las mañanas debe invocar la sangre de Cristo en todas aquellas áreas o cosas que a Dios no le agradan, para que sea restaurado y limpiado.

El águila hace su rutina de ejercicio diario; el cual consiste en volar de 4 a 6 horas promedio todos los días. De ese ejercicio depende su sustento y longevidad. Si por el contrario se queda todo el día durmiendo en el nido y no sale a volar, sus gigantescas alas se atrofian. El hombre águila que no hace ejercicios físicos y espirituales, mengua en su conocimiento, pierde su vitalidad y la fuerza que da la oración. Sino testifica a otros, pierde el amor por las almas perdidas. El águila hace ejercicios en círculos, aunque parece una rutina, lo que hace su organismo lo necesita.

En la vida cristiana, hay muchas cosas que parecen rutinas para cualquier el creyente; por ejemplo, los cultos, los ayunos, las oraciones, las vigilias y los retiros. Estas actividades deben ser entendidas como parte de la obediencia y amor a Dios, solamente de esa forma el Cristiano lo aceptará como una necesidad que debe poner en práctica de manera permanente, para lograr el crecimiento espiritual.

El águila cuida muy bien su salud, se alimenta adecuadamente; eso no quiere decir que esté exenta de enfermarse. Si por alguna razón le cae mal algún alimento, se mete en su nido y ayuna por varios días, hasta que su sistema digestivo esté recuperado.

Un Cristiano, también puede experimentar enfermedades físicas y espirituales, pero si es un creyente águila, ha aprendido a cerrar su boca y deja que el Señor Jesucristo obre en su vida, esto dará paso a la restauración y fortalecimiento, sanándolo, levantándolo y renovándolo. Un hijo de Dios debe cuidar su templo, porque es allí donde mora el Espíritu Santo. En ese sentido, la alimentación tanto espiritual como física es determinante.

El águila es un ave que sabe volar, cuándo volar, cómo volar y hasta dónde puede llegar volando. Conoce sus fortalezas y limitaciones, sabe lo que puede hacer, no se excede más allá de 16 mil kilómetros diarios. Duerme de noche y descansa de 16 a 18 horas, su visión es para el día no para la noche. El creyente águila es una persona que saca tiempo para descansar y reposar su cuerpo, y espiritualmente entrega sus cargas a Dios. Lo hace confiando en él, para recibir alivio apacible y mucha paz.

Si usted es como el águila, no descuide aquellas cosas que son importantes para el desarrollo espiritual, aprenda a descansar en el Espíritu Santo.

El águila tiene capacidad de renovarse. Dice el salmista "El que sacia de bien tu boca de modo que te rejuvenezcas como el águila". (Salmos 103:5). Su tamaño es bastante grande, su pico es fuerte y tiene forma de gancho, sus patas cortas y emplumadas, le permiten agarrar y matar su presa con mucha facilidad. Con frecuencia muda su hermoso plumaje. Su imponente belleza ha sido considerada importante para que en algunos países, usen su imagen como insignias, emblema y escudo de naciones.

Todo creyente, cada día debe renovar su relación con Dios, para que esto ocurra es necesario el arrepentimiento y liberación espiritual. Un creyente no debe vivir atado a cadenas de pecado que solo buscan matar el cuerpo y el alma. Evite vivir en confinamiento de la prisión de éste mundo. Haga como el águila renueve su plumaje cada día y una forma de lograrlo es arrepentirse delante de Dios por todo aquello que haga que no es agradable ante los ojos del Altísimo.

Un creyente renovado se mantiene en una actitud de rectitud ante Dios, a la vista del mundo y delante de la iglesia, lo cual conduce a una vida victoriosa y llena de bendiciones. De tal manera que, cambia su manera de pensar, vive lo que profesa y profesa lo que vive. "porque cual es su pensamiento, en su corazón tal es el....". (Proverbios 23:7). La mente es muy importante para Dios y el corazón también lo es. Por ello, todo aquel que tiene el control de la mente, tiene a Dios de su parte. Si usted se considera un águila, renueve su plumaje, no se puede vivir una nueva mentalidad, con plumas viejas, no permita que su antigua manera de comportarse detenga su renovación y su alto vuelo. ¡Piense y actúe! Dios no lo creó para fracasar, al menos que usted destine su fracaso.

Cuando se trata de servir a Dios y a semejantes debemos hacerlo con alegría y buenas acciones para recibir grandes bendiciones.

El águila cuando es un aguilucho es indefensa. Es por eso, que antes de aprender a volar la mamá águila lo instruye. Ella comienza a dejarle la comida, primero en la boca, luego en pedazos en el nido; después en trozos para que el aguilucho la parta con sus garras y el pico, hasta que sale solo a buscar su propia comida. Cuando alza su primer vuelo, las alturas le aterran. Para él, es forzado lanzarse al vacío, al lograrlo abre sus alas y aprende a volar. Esto no quiere decir que ya se siente independiente; a pesar del avance logrado todavía depende de sus parientes águilas.

El hombre águila, debe esperar su tiempo para la independencia espiritual. Si es necesario pida ayuda a otros mejor instruidos. Evite caer al vacío por la precipitada libertad.

La independencia mal canalizada a veces nos conduce a lo negativo. En éste caso, la dirección de Dios es la mejor orientación.

Por otra parte, los aguiluchos también tienen enemigos, la serpiente es uno de ellos, ésta se camufla y vela la oportunidad para comerse a los indefensos animalitos. Los papás águilas no tienen buen olfato para oler a su enemigo, pero sí tienen buen oído y visión para detectarlos, y si descubre a una serpiente cerca de su cría la agarra con sus garras y talones y con la fuerza de sus patas la destruye. Las garras del creyente, no son las patas, es la oración, a través de ella protegen su matrimonio, sus hijos espirituales y bilógicos..

Jesucristo es el águila mayor que nos enseña a ser águilas y nos resguarda de la serpiente que es Satanás. Jesús la ve y la oye, aunque a nosotros se nos infiltra en nuestras vidas. Velemos y oremos para que la serpiente no encuentre espacio para entrar a destruir la paz que Dios nos ha dado. Cuando todo se vea tranquilo; no se descuide, puede ser que la serpiente este quieta esperando la oportunidad para atacar. Si usted observa a una serpiente cerca queriendo perturbar o dañar destrúyala con la oración, utilizado el poder y la autoridad que Dios le ha dado, en el nombre de Jesús.

El águila mira lo que otras aves no ven, su visión es telescópica, a gran altura puede localizar su presa, es conocida como ave de presas porque las atrapa vivas y las consume frescas. Esto implica para ellas, cierto sacrificio, pero lo hace responsablemente. Su visión esta en consumir carne fresca.

Los creyentes águilas no miran los problemas, ven las soluciones, no temen arriesgarse en actualizar su visión y no se desvían de los objetivos trazados. Además son personas visionarias y luchan por lo que desean alcanzar. Sus metas están definidas por el alcance de su visión; para ello enfocan la mirada en las cosas de importancia y que valga la pena.

Un hombre que se cree águila, es un buscador de oportunidades. Estas son las personas que Dios quiere en la gran comisión.

Los creyentes águilas nunca se dejan amedrentar por otras personas, su enfoque es positivo, son determinados y se auto destinan para triunfar. Están distantes de ser como las gallinas que no tienen metas, por el contrario creen en las metas.

Seamos como el águila, no de boca ni de oído, sino de acciones. Vuele alto, con la mirada hacia las alturas, donde está sentado el dador de la vida. Si algo no le permite avanzar en paz en cualquier área de su existencia, deténgase y revise cual es el obstáculo y destrúyalo con la oración. Sacuda el polvo que le perturba sus vestidos y renuévese cada día como el águila, a veces es difícil hacerlo, pero será de gran bendición.

¡De usted depende, somos lo que queremos ser!

Citas referenciales tomadas de la Santa Biblia Versión Reina Valera 1995

Disponerse al cambio es cuestión de reflexionar y actuar

Autora Nohelia Ruiz, Doctora en Educación, Especialista en gerencia educativa y licenciada en educación.

Docente en la Universidad Pedagógica Experimental Libertador. Adscrita al Instituto Pedagógico Rural El Mácaro, "Luis Fermín" Extensión Valle de la Pascua, Estado Guárico. Venezuela

Realiza actividades de Liderazgo en una iglesia Cristiana de la localidad de nombre Getsemaní.

Printed by Books on Demand GmbH, Norderstedt / Germany